Historias
de la
otra revolución

COLECCIÓN CANIQUÍ

EDICIONES UNIVERSAL, Miami, Florida, 1998

Vicente Echerri

Historias de la otra revolución

Copyright © 1998 by Vicente Echerri

Primera edición, 1998

EDICIONES UNIVERSAL
P.O. Box 450353 (Shenandoah Station)
Miami, FL 33245-0353. USA
Tel: (305) 642-3234   Fax: (305) 642-7978
e-mail: ediciones@kampung.net
http://www.ediciones.com

Library of Congress Catalog Card No.: 98-87183
I.S.B.N.: 0-89729-879-9

Ilustración de cubierta; Julio César Soto
Diseño e iluminación de la cubierta: Frank Guiller
Emplanaje: Carlos Bobadilla
Foto del autor: Orlando Jiménez-Leal

Todos los derechos
son reservados. Ninguna parte de
este libro puede ser reproducida o transmitida
en ninguna forma o por ningún medio electrónico o mecánico,
incluyendo fotocopiadoras, grabadoras o sistemas computarizados,
sin el permiso por escrito del autor, excepto en el caso de
breves citas incorporadas en artículos críticos o en
revistas. Para obtener información diríjase a
Ediciones Universal.

*A la memoria de mi madre,
que me enseñó a amar la libertad.
Y a la de Orlando Collazo,
que murió combatiendo por ella.*

Prólogo

Decir que una experiencia de hace mucho es como si la hubiera vivido otra persona es un lugar común. Todos los seres humanos son capaces de mirar su pasado como suceso ajeno, como si le hubiese acontecido a otro. Ese otro, que alguna vez fue uno, puede caber entonces en un determinado escenario que la memoria reconstruye con la máscara del personaje.

El adolescente que fui es quien hace estos cuentos. Yo tan sólo me le parezco en algunos rasgos, acaso en algunas simpatías o rencores que se adquieren temprano; pero ambos estamos tan distantes que podemos ser libres: él, de contar; yo, de repetirlo sin apenarme. Los hechos y la gente son o fueron reales; ahora, bien pueden ser ficción. Yo los veo congelados en una especie de mural gigantesco.

Han pasado más de treinta años de la guerra que le sirve de fondo a estos relatos, librada en las montañas que rodean a Trinidad, la antigua y pequeña ciudad de Cuba donde nací y crecí. Mientras en el resto del país «la revolución» se afianzaba, varios miles de hombres —jóvenes casi todos, campesinos en su mayoría—

opusieron en esa zona una desesperada resistencia que el mundo no atendió. Ese que entonces fui aún se acuerda.

V.E.

Guttenberg, marzo de 1998

El pionero

El pionero

Gustavo fue el primer hombre de pelo largo que visitó mi casa. Antes del triunfo de la revolución, en los años cincuenta, dejarse la melena hubiese sido una excentricidad inadmisible, al menos en una ciudad pequeña y conservadora como era Trinidad donde, curiosamente, eran muchas las familias que tenían retratos de venerables antepasados con luengas y vistosas cabelleras. En mi infancia, los hombres llevaban el pelo corto, muy corto, y entre muchos jóvenes el corte de pelo era prácticamente militar.

Con el triunfo de la revolución, en enero de 1959, llevar pelo largo y barba se convirtió de pronto en un signo de predicamento social. Se impuso tan de súbito como desaparecieron los trajes blancos de lino y los sombreros de Panamá que habían distinguido a los políticos del antiguo régimen.

Cuando Gustavo vino a vernos, a las pocas semanas de acabarse la guerra, ya se había afeitado la barba rala que debe haber tenido mientras estuvo alzado, porque era lampiño; pero tenía una hermosa melena color castaño claro que le caía hasta los hombros y que a veces se recogía con una boina negra. Era un muchacho apuesto, aunque con una cierta rudeza en el trato que en casa atribuían al carácter hosco y tiránico de su padre que, privándolo de una buena educación y de otros roces, lo había obligado a trabajar en su finca desde pequeño. Era uno de los sobrinos más jóvenes de mi abuela y, en esa ocasión, la primera vez que venía a visitarla con traje verde olivo y botas de campaña.

Como miembro del Ejército Rebelde, le habían pedido sumarse a las nuevas Fuerzas Armadas que se organizaban y, dentro de unos días, debía presentarse en el regimiento Leoncio Vidal de Santa Clara donde estaría destacado por el momento, y donde debía comenzar su adiestramiento. Había una diferencia entre ser guerrillero y soldado de la república, diferencia que Gustavo, un poco a regañadientes, aceptaba.

En su opinión, la guerra que acababa de librarse había sido ciertamente más azarosa, pero más divertida. Nunca en su vida se había sentido más libre ni más en armonía con la naturaleza: durmiendo al raso, sin odiosas obligaciones rutinarias, enaltecido por el apoyo moral que una nación entera le daba a aquella lucha, liberado de la tutela de su padre, que siempre lo trataba como un crío. La guerra implicaba, además, vivir al margen del orden y las convenciones sociales en un ámbito de violencia donde sólo imperaba el coraje. Él lo tenía.

No creía que Gustavo se sintiera muy alegre ante las perspectivas de su nuevo oficio, pese a que nos contó sus planes con algún entusiasmo; me parecía, más bien, que necesitaba robustecer su fe en la existencia real y poco heroica que se le presentaba como única alternativa frente al destino de peón de campo a que lo había condenado su padre. Yo adivinaba la tristeza por debajo de su júbilo manifiesto.

—Tal vez te convenga un poco de rigor —le dijo mi madre como si adivinara su inquietud.

—Eso es lo que menos falta me hace. En el monte nos portábamos bien y éramos bastante libres —le respondió él sin que dejara de traicionarlo, por un instante, un tono de amargura.

Su comentario fue seguido por los consejos que las mujeres, con tanto olfato para el peligro, suelen dar siempre en estos casos. El Ejército, donde en ese momento imperaban la arbitrariedad y la improvisación, no parecía el ambiente más recomendable para un joven de carácter rebelde y explosivo. Mi abuela lo despidió con su bendición.

En las semanas que siguieron tuvimos algunas noticias de Gustavo que, al parecer, se adaptaba muy mal a la vida de campamento y a quien, de continuo, castigaban por quebrantar la disciplina. Una tarde, no mucho después, nos avisaron que lo habían arrestado y que lo tenían en uno de los calabozos del regimiento. Nos lo vinieron a decir sus hermanas que, para estos problemas de familia, se movilizaban con un aire de sufrida vehemencia. Ellas fueron a verlo.

A su regreso contaron una historia que, pasando por alto su parcialidad, sonaba verídica: Gustavo había comentado que le parecía «una falta de hombría» la insolencia con que el nuevo jefe del regimiento trataba a sus subordinados, y hasta se había atrevido a compararlo desfavorablemente con los antiguos oficiales que aún servían de instructores. El jefe se enteró del comentario y, en represalia, le había ordenado que integrara el pelotón de fusilamiento, y él se había negado aduciendo que «no había hecho revolución para asesinar a nadie». Luego de esto lo habían arrestado por insubordinación y estaba sujeto a consejo de guerra.

Las hermanas de Gustavo estaban consternadas en espera de lo peor. Mi madre en cambio no pareció alarmarse mucho.

—El momento lo favorece. La opinión pública empieza a reaccionar en contra de los fusilamientos, y no creo que se atrevan a condenarlo ahora mismo por haberse negado a tomar parte en eso. Terminarán el incidente licenciándolo.

Las hermanas de Gustavo no parecían muy convencidas; pero días después ocurrió así y Gustavo volvió por casa, esta vez sin uniforme y sin melena, a contarnos su experiencia. Él trató de desvirtuar cualquier comentario político y atribuyó su licenciamiento a la disciplina militar y su incapacidad de sujetarse a ella.

—No resistía estar cuadrándome continuamente ante mis superiores, me parecía ridículo; sobre todo tratándose de algunos cobardes a los que no puedo respetar.

—¿Y ahora qué vas a hacer? —era mi abuela la que preguntaba.

No sabía muy bien. La idea de enterrarse en la finca de su padre le resultaba inadmisible. Quería estudiar un poco más, tal vez irse a La Habana; en fin, comenzar de nuevo.

Dejamos de verlo durante unos meses en que, al parecer, estuvo ensayando algunos de los proyectos que tenía en mente. Supimos que había conseguido —gracias a un contratista de obra, amigo de su padre— trabajar de operario de grúas, en un momento en que la construcción aceleraba el ritmo que había perdido durante la guerra. En mi casa pensaban que Gustavo había encontrado al fin un camino por donde encausarse.

Sin embargo, la prosperidad económica resultó efímera, agredida por una política estatal que empezaba a espantar a los inversionistas. Cuando, en agosto, hicieron renunciar al presidente provisional, la implantación de un sistema totalitario era previsible.

En septiembre, uno de los sobrinos preferidos de mi madre, elevado por el nuevo régimen a la jefatura de la Inteligencia Militar, vino a Trinidad a descansar por unos días. Lo acompañaban el Segundo Jefe de la Policía Nacional, las mujeres de ambos y algunos ayudantes y guardaespaldas en un tren de varios automóviles lujosos confiscados a funcionarios del gobierno anterior. Mi madre, a quien le parecía obscena aquella ostentación, se sintió aliviada de que todos se hospedaran en Las Cuevas, un hotel que domina la ciudad desde una colina de las afueras, ya al pie de las montañas del Escambray.

Al día siguiente, Gustavo reapareció por casa. Se había enterado de la llegada del primo y había venido a saludarlo y a ver si, a través de él, podía conseguir algún empleo, aunque fuera en su escolta; su trabajo en la construcción no parecía tener mucho futuro.

Mi madre le sugirió que se presentara en el hotel y le abordara directamente el asunto; después de todo él había sido del Ejército Rebelde y eso debía servirle de recomendación.

—¡Humm! Depende de cómo hayas salido. En mi caso tal vez no haya problemas.

Apenas tomó una taza de café y se marchó ensegui-

da, sin dar muestras de su alegría o efusividad características, absorto y hasta con un cierto aire de tristeza.
Para mi madre su talante no pasó inadvertido.
—Me preocupa Gustavo, tiene un aspecto raro.
—La falta de trabajo es cosa seria —le respondió mi abuela. Pero a mi madre no pareció convencerla esta razón:
—No, lo de la falta de trabajo me parece un pretexto. Lo que me asusta un poco es su aire de determinación, como si estuviera a punto de dar un paso importante, más importante que buscarse un empleo.

Gustavo se encontró esa misma tarde con los oficiales que tomaban mojitos junto a la piscina de Las Cuevas. El encuentro debe haber sido cordial. Gustavo era un muchacho de valor legendario de quien un oficial del nuevo régimen podía enorgullecerse.

El oficial le daría trabajo de inmediato. Se rumoreaba que elementos armados desafectos al gobierno habían comenzado a ser vistos en las cercanías. Gustavo, que era buen tirador, se sumaría a los guardaespaldas.

—¿Podrías quedarte de posta esta misma noche?

Él aceptó, y el primo, a falta de un fusil, le entregó una pistola Browning con empuñadura de nácar, que siempre viajaba en su equipaje, y que antes había sido propiedad de un ministro.

A la mañana siguiente, Gustavo no se hallaba en su puesto, ni en ninguna otra parte. El primo, temeroso de que algo le hubiera ocurrido, se disponía a ordenar un registro de los alrededores cuando encontró una nota, mal escrita en el papel de un paquete de cigarrillos, que Gustavo le había dejado junto a la puerta de su dormitorio: «perdona el disgusto, pero esta mierda hay que acabarla a tiros. Gracias por la pistola».

El pionero

Ya era innegable que había alzados en los alrededores. Gustavo era uno de ellos.

El asalto

El asalto

Mi abuelo paterno murió el 2 de diciembre de 1960. Yo había estado presente en su agonía, en una sala pequeña del Hospital General de Trinidad, contigua al jardín y no muy lejos de la capilla. Era la primera vez que veía morir a alguien y mi curiosidad era más fuerte que el miedo, la repulsión o la lástima. Momentos antes, la rotura de todas las heridas quirúrgicas que tenía en el vientre había inundado la habitación de un insoportable olor a entrañas y carne podrida, luego de lo cual, aliviado de ciertos dolores, el enfermo empezó a hundirse en la inconsciencia, mientras mi abuela, serenamente, le calmaba el jadeo con un algodón mojado en agua. Aunque yo no lo quise mucho, el dolor de todos me hacía entrar de súbito, a los 12 años, en una atmósfera grave y luctuosa que afinaba, por accidente, mi sensibilidad y la ponía en sintonía con el sombrío ambiente político que parecía contaminarlo todo.

Tres días antes, en la noche del 29 de noviembre, mientras hacíamos tranquilamente la sobremesa a la espera de ese desenlace, en la vecina casona de los Soto del Valle tenía lugar una escena menos apacible: por la puerta del zaguán, entreabierta a esa hora como era usual entonces en la mayoría de las casas de Trinidad, entraron cuatro hombres enmascarados que encañonaron con pistolas a los miembros de la familia que se encontraban en el comedor. Los asaltantes buscaban armas largas que era fama que el comandante Peña —uno de los líderes locales de la revolución, que había emparentado con los Soto del Valle— tenía guardadas en la casa. El Comandante ya no vivía allí, y Manolo Béquer y Gustavo Cantero, los dos únicos hombres presentes, no opusieron ninguna resistencia. Los enmascarados no tardaron en apoderarse de un par de escopetas viejas, una ametralladora ligera y una pistola alemana, que podía haber sido de la Segunda Guerra Mundial, y desaparecieron en la noche.

La familia, como es de suponer, dio parte de inmediato a la policía, que se personó en la casa con gran despliegue de efectivos que atrajo la curiosidad de los vecinos, ninguno de los cuales recordaba haber visto a los asaltantes. Aunque la conmoción de la familia era genuina, los policías y, en particular, los miembros de la Seguridad del Estado, se mostraron un poco suspicaces e incrédulos, como queriendo hallar una lógica elemental de que los hechos carecían: ¿cómo «los bandidos» sabían de la existencia de las armas? ¿No resultaba raro que hubieran podido encontrarlas tan pronto? ¿Por qué nadie los siguió hasta la puerta para identificar el auto en el que huyeron? El susto que acababan de pasar los de la casa se acrecentaba con el interrogatorio de la policía que parecía insinuar la existencia de una complicidad. Los agentes se fueron prometiendo que volverían. La investigación apenas comenzaba.

Pocas horas después, una posta del Ejército no supo

El asalto

identificar el *jeep* del comandante Manuel «Piti» Fajardo y ametralló el vehículo. El oficial, un médico pequeño y enjuto de carnes, encargado de la salud personal del dictador, murió en el acto. Hacia la medianoche se dijo en Trinidad —para asombro de amigos y enemigos del régimen— que los alzados habían emboscado a Fajardo casi a las puertas de la ciudad. Según la policía, eran los mismos tipos que habían requisado las armas del comandante Peña.

De La Habana llegaron órdenes de hacer un escarmiento memorable. Los leninistas del pueblo deben haber considerado esta conjunción de azares como una dorada oportunidad. En la madrugada, al tiempo que el Ejército iniciaba una gigantesca cacería contra los presuntos matadores del comandante médico, la Seguridad del Estado arrestaba a Béquer y a Cantero, al parecer bajo sospechas de complicidad con los que horas antes los habían encañonado con sus pistolas, aunque no ofrecieron ninguna explicación.

De inmediato los condujeron al cuartel del Ejército y, al día siguiente, los trasladaron para el antiguo sanatorio antituberculoso que se levantaba en los llamados Topes de Collantes, convertido ahora en prisión. Para el benigno clima de Cuba, Collantes era poco menos que la Siberia, donde la temperatura podía bajar hasta alrededor de 0° C. en invierno. El frío era también un instrumento de tortura para los centenares de presos que ya abarrotaban las antiguas salas del hospital, en cuyos suelos de granito se veían obligados a dormir.

Antes de una semana, liberaron a Gustavo Cantero, pero Manolo Béquer seguía estando preso e incomunicado. Si ambos eran miembros de la familia y habían sido testigos del asalto; ¿por qué elegían exculpar a uno de ellos e incriminar al otro?

Béquer, descendiente de una antigua familia al igual que Cantero, había sido, durante muchos años, una de las figuras más respetadas y notorias de Trinidad. Su única pasión conocida, que le había llevado a dilapidar su patrimonio, era el amor por la ciudad hermosa y decadente donde había nacido poco menos de medio siglo antes. Su afán por rescatar el pasado de Trinidad, por restaurar sus monumentos, por devolverle un poco la prosperidad que alguna vez tuviera, le convirtió de manera natural en el historiador de la ciudad y en presidente de un patronato bajo cuyos auspicios se abrieron museos, se remozaron edificios antiguos y se empezó a crear la infraestructura necesaria para atraer al turismo, llamado a convertirse en la primera industria de una sociedad conservadora y pobre. A su ejemplar conducta patricia, Béquer unía el talante de un señor: alto, apuesto, elegante, con una circunspección que lindaba en la gravedad y que lo distanciaba de muchos sin él quererlo, era, casi por definición, el representante de la clase cuya aniquilación estaba decretada.

En torno suyo, como siempre ocurre, debió haber retoñado la envidia que, como es usual también, las personas generosas ignoran. Los envidiosos se hacinaban ahora a la sombra del poder. Béquer era un hombre a quien condenaban su historia y su fisonomía.

La familia no tenía noticias del preso, mientras se divulgaban las más absurdas especulaciones alimentadas por la mala fe de algunos, y la ignorancia y falta de información de otros muchos. Los fanáticos de la revolución —que entonces abundaban— descartaban que pudiese haber error o injusticia.

El asalto

—Si lo prendieron debe ser por algo —sentenciaban con fingida ecuanimidad los que querían pasar por neutrales—, uno no sabe exactamente cómo fue que esos tipos se llevaron las armas.

En cuestión de días, los presuntos asaltantes de la casa de los Soto del Valle serían capturados, juzgados sumariamente y ejecutados, no sin que la Seguridad del Estado corriera el rumor de que habían hecho serias incriminaciones contra algunas personas cuya falta de simpatías por el régimen era cosa sabida. La familia de Béquer, segura como estaba de su inocencia, comenzó a inquietarse: para algunos de ellos, que se tenían por «revolucionarios», toda la historia tenía que ser una suerte de malentendido, un error que no tardaría en terminar con la libertad y la pública reivindicación de quien era tenido por uno de los ciudadanos más ilustres de la ciudad; pero los días pasaban y las gestiones de la familia no lograban atravesar el silencio con que el aparato represivo había logrado aislar al acusado.

Me sorprendía que el comandante Peña, propietario de las armas robadas, y a quien, para esa fecha, ya el gobierno miraba con desdén, no se hubiera visto involucrado en el caso, más allá, tal vez, de algún interrogatorio de rutina. Se atenuaba su responsabilidad con el argumento de que ya para entonces no vivía en casa de los Soto del Valle. Sin embargo, estas razones no bastaban para convencerme. Una tarde en que se hablaba del asunto en casa, mi madre me daría una explicación más verosímil.

—Lo del robo de las armas es tan sólo un pretexto, y también la muerte del mediquito. Esto no es más que una medida de terror que va dirigida contra todos nosotros. El régimen sólo se ha aprovechado de las circunstancias. Manolo está condenado por ser quien es, no por su posible participación en ese hecho. A mí no me sorprendería que lo fusilaran.

Ella había hablado con una serena convicción. No recuerdo si este comentario se suscitó mientras comíamos; pero sí me acuerdo del pavor que sentí, casi físico, de la conciencia súbita de que estábamos a merced de un aparato siniestro y todopoderoso que podía eliminarnos legalmente contando incluso con el apoyo de la opinión pública.

Alrededor de Navidad, que ese año el luto y el pánico nos impedían celebrar, la familia de Béquer se enteró de un rumor ominoso: alguien desde Collantes mandaba a decir que se iban a condenarlo a muerte. A su madre, anciana y enferma, no quisieron enterarla de nada, pero la familia movilizó esta vez a todas sus amistades e influencias para llegar a las más altas esferas del poder. Sólo una orden venida de arriba podía funcionar en un país donde todos los recursos tradicionales del derecho habían dejado de tener valor. Al parecer, se emitió la orden salvadora, aunque nunca se supo por qué vías, y no sin que las autoridades locales opusieran alguna resistencia.

Hacia fines de enero dejaron a Manolo en libertad. Todos fuimos a verlo, pero el hombre apuesto y elegante de semanas atrás era ahora un ser abatido, macilento, encorvado de espaldas, que apenas podía balbucear unas palabras de agradecimiento a los que acudían a saludarlo. Sin embargo, más allá de su estado físico, lo que más impresionaba era su mirada, en la que podía leerse una mezcla de estupor y de melancolía.

Él se negó a contar su experiencia, y su familia y amigos respetaron esa discreción, si bien era obvio que

El asalto

lo había marcado profundamente. Poco después se fue de Trinidad con su mujer y sus hijos, y se instaló en La Habana. Desoyendo los consejos de su propia familia, no quiso, sin embargo, salir al exilio, y prefirió asistir con su inteligencia e ingenio a algunas industrias agropecuarias que parecían destinadas al fracaso en la economía que se implantaba. Tal vez entendía que era un modo de ayudar a un país que seguía sintiendo suyo a pesar de la opresión política. Otros, más suspicaces, afirmarían que fue algo que se comprometió a hacer en aquella temporada de la que nunca hablaba con nadie. En su nueva carrera de burócrata tuvo éxito durante varios años: inventó maquinarias y desarrolló un plan porcino que sólo frustraría una imprevista epidemia de cólera. El régimen lo premió alguna que otra vez con modestas prebendas y envejeció, sin mayores problemas, en un oscuro negociado ministerial, bastante ajeno a los rumbos por los que alguna vez orientara su vida. Hasta podía decirse que vivía con holgura; sin embargo, después de un tiempo, la melancolía no hizo más que acentuársele, hasta que se hundió definitivamente en ella.

Más de veinticinco años después de la noche en que unos enmascarados interrumpieran su sobremesa, regresaba a morir en la vieja casona de los Soto del Valle aquejado de lo que él mismo definiría como «pasión de ánimo». Cuando ya era evidente que no volvería a levantarse, un viejo amigo, que había compartido con él aquellos tenebrosos cincuenta días de arresto, le hizo a la familia una monstruosa revelación.

—¡Qué me iba a imaginar que Manolo iba a morir apaciblemente en su cama la noche en que lo sacaron delante de mí para llevarlo a fusilar! Lo habían sentenciado unos días antes y hasta le dieron a elegir la última comida. Cuando ya lo hacía muerto, lo trajeron de vuelta al dormitorio y lo dejaron caer en el suelo como un guiñapo. Esa noche volvió a nacer.

Yo no estoy tan seguro.

El profeta

El profeta

Alguien trató de probarme, en una ocasión, que el protestantismo era una quinta columna del judaísmo internacional por la afición que tienen ciertos grupos evangélicos a ponerles a sus hijos nombres del Antiguo Testamento. En la rama materna de mi familia esto era lo usual. Además de los nombres hebreos como Juan, David o Rubén, que los comparte la tradición cristiana, también podían encontrarse Azariel, Eliecer, Josué, Zacarías, Nehemías...

A este último nombre respondía un primo lejano de mi madre, de pequeña estatura y cara curtida, cuyas facciones, durante mucho tiempo, imaginaba idénticas a las del caudillo que emprendió la reedificación de Jerusalén al regreso de la primera diáspora.

Nehemías y su familia tenían una quinta en las afueras de Trinidad, donde empezaban las primeras elevaciones del Escambray. Una finca pequeña en que predominaban los frutales, que creaban un ambiente umbroso y húmedo. Contrario al personaje bíblico—que pasó a la posteridad como urbanista— este Nehemías había vivido siempre inmerso en el campo, ajeno casi por entero a la vida de la ciudad colonial que empezaba a extenderse casi a las puertas de su casa.

Cuando la revolución contra Batista, Nehemías era bastante joven, pero los rebeldes visitaron varias veces la quinta en busca de vituallas, y hasta acamparon en ella transitoriamente cuando la toma de la ciudad en los últimos días de 1958. Supongo que debe haberle entusiasmado entonces la novedad de esa aventura, la apetencia por aquella empresa de hacerse héroe con un fusil y en medio de la naturaleza que le era tan familiar, con una tropa sudorosa en que se mezclaban los olores del cuerpo y los vahos penetrantes de la tierra.

El triunfo de la revolución debió haber frustrado sus planes en ese sentido, y la implantación de una dictadura no tardaría en brindarle un pretexto. Debe haberse alzado en el 61, aunque tal vez fuera en el 60. El padre, que alguna vez nos visitaba, no podía ocultar su preocupación, aunque le aseguraban fuentes confiables que la partida a que pertenecía su hijo era bastante numerosa y, desde luego, que el empeño insurreccional se vería cada vez más respaldado por grupos del exilio y por los propios norteamericanos, de suerte que a Nehemías no habría de durarle mucho su misión de insurgente.

—Después, cuando las cosas no salgan tan bien como sueña, tal vez se dé cuenta que se ha sacrificado en balde —aseveraba el viejo, que le auguraba a su hijo las desilusiones de la victoria. —De todos modos, yo lo quisiera tener muy pronto en casa, que meterse a patriota es muy riesgoso.

Con algunos de los emisarios de los alzados que pasaban por casa, Abuela solía indagar sobre Nehemías. Con semejante nombre no era posible —pensaba ella— pasar inadvertido; pero en verdad pocos de los que venían a vernos sabían de él, y otros no hacían comentarios demasiado entusiastas.

—Ah, sí, un tipo bajito y *hablantín*. Tiene muy buenas piernas, le dicen el jíbaro.

Después de un tiempo, y acaso por una especie de instintiva vergüenza, Abuela dejó de preguntarles a nuestros visitantes por Nehemías, aunque siempre se interesaba con el padre cuando éste pasaba a saludarla. Un día llegó más sombrío que otras veces y, mientras hacía sus comentarios acostumbrados a la espera de una taza de café, la voz se le quebró de repente.

—Tengo a Nehemías escondido en la casa desde hace como un mes. Ha vuelto destruido. Está como loco y va a enloquecernos a todos, y yo no sé que voy a hacer. He pensado en sacarlo del país, pero no tengo contactos y, además, no creo que en el estado en que se encuentra tenga valor de hacerlo. Temo que si se queda lo van a prender tarde o temprano. La quinta debe estar vigilada.

—No te digo que lo traigas —era mi madre quien hablaba, —porque ya sabes lo mal vistos que estamos, y sería un riesgo mayor para todos.

—Ni siquiera lo había pensado, sé que ustedes no pueden. Pero al menos querría sacarlo de la quinta y, de ser posible, que se fuera a esconder en La Habana.

Mientras hablaba, el viejo había comenzado a pasearse por la cocina, mientras trataba de controlar un temblor que lo agitaba por entero.

—Sosiégate, que nunca te ha hecho más falta la serenidad —le dijo mi madre —alguien en tu casa debe tener ahora la cabeza en su sitio.

Y mi abuela, siempre atendiendo a lo inmediato, agregó:

—No debes abusar del café en estos momentos, mejor te habría preparado una taza de tila o manzanilla.

Al cabo de un rato se calmó para caer en su ensimis-

mamiento habitual. De su pequeña granja siempre nos traía frutos menores, hortalizas, aves de corral...
—No se preocupen, volveré pronto con unos pollos.
Pocos días después vinieron a contarnos que la policía había asaltado la quinta al amanecer y había arrestado a Nehemías y a su padre, aunque a éste último lo habían puesto en libertad al cabo de unas horas. A Nehemías no tardaron en trasladarlo a Condado.

Para entonces Condado era ya un sitio célebre: combinación de cuartel y centro de investigaciones. Aunque el gobierno se jactaba de su trato humanitario hacia los presos, en Condado se torturaba, e iban cobrando fama las refinadas innovaciones que allí ponían en práctica los comisarios de la Seguridad del Estado. Las llamadas «celdas frías», los fusilamientos ficticios y los interrogatorios incesantes pertenecían al repertorio de la tradición, al menos de los países comunistas; pero «la muñeca» era más novedoso.

La primera vez que nos lo contaron, en casa pensamos que se trataba de una exageración que no merecía divulgarse. Pero los testimonios de diversas personas de confianza no tardaron en confirmarnos la existencia y aplicación en Condado de este peculiarísimo método de tortura: consistía en que al reo, completamente desnudo, se le daba a mecer una muñeca de goma a la que tenía que arrullar en presencia de sus inquisidores. Hubo muchos que terminaron por doblegarse con el consiguiente derrumbe moral, luego del cual la confesión se producía como un alivio.

Aunque Nehemías no había estado nunca en el círculo de conspiradores de mi madre, en casa temíamos que no pudiese resistir el interrogatorio durante cierto tiempo —suficiente para que algunos de sus colaboradores llegaran a escapar— y que la Seguridad del Estado fuera capaz de llevar a cabo una redada demoledora que desestabilizara otros focos de conspiración y, por azar, afectara a alguien más cercano a nosotros. Esa preocupación se acrecentó cuando vinieron a decirnos que Nehemías había mecido la muñeca.

Mi madre hizo correr de inmediato la voz, y los asiduos colaboradores de alzados que venían en busca de provisiones e información dejaron de frecuentarnos, al tiempo que trasladábamos o hacíamos desaparecer cualquier material —armas, proclamas, medicinas— que pudiera comprometernos. Yo era un muchacho, y si bien de muchas cosas no me daban razón debido a mi edad, mis mayores contaban con mi discreción.

La policía nunca nos molestó, pero la precaución sirvió para tranquilizar a todos cuando, poco después, nos enteramos que Nehemías había comenzado a confesar. Según la fuente, sus declaraciones habían sido tan vehementes y minuciosas que terminaron por agotar a los interrogadores. En los días sucesivos nos enteraban que sus declaraciones proseguían y que la Seguridad empezaba a inquietarse por la vastedad de las implicaciones. Entre los amigos de la familia, a pesar de las terribles consecuencias que esas implicaciones podían tener, la confesión de Nehemías se convirtió en cosa de chiste, en tanto la policía practicaba arrestos masivos entre sus amigos y conocidos.

—¿Qué les parece el profeta Nehemías? —nos dijo una mañana en tono jocoso un amigo que, de seguro, desconocía el parentesco del preso con mi abuela. —Se afirma que ya pasan de un centenar las personas que ha denunciado y que no tiene para cuando acabar.

Mi madre se sintió en la obligación de mostrarse misericordiosa:

—Hay gente que resiste menos la tortura. Sabe Dios lo que deben haberle hecho.

—No más que a otros. Lo que pasa que cuando se es tan pendejo, uno no se mete en ciertas cosas que les están reservadas a los hombres.

—Pero muchos de esos hombres han mecido la muñeca y han hablado. Nehemías no es el único.

—Cierto, pero él es el Profeta. Cuentan que cuando acaban de interrogarlo, todavía sigue gritando por un rato los nombres de personas de quienes dice que se va, poco a poco, acordando. Los guardias han tenido que ponerlo en una celda solitaria por temor a que alguno de los presos lo mate.

Yo me sentí acalorado por la humillación.

No mucho después, el caso de Nehemías se daba por cerrado. El número de personas implicadas por sus confesiones pasó de un centenar—de los cuales fusilaron a algunos y a muchos les impusieron altísimas sanciones. Nos contaron que, al final, uno de los interrogadores lo había silenciado a bofetadas.

El americanito

El americanito

Mi recuerdo más antiguo de Andy De Graux se remonta a la mañana en que alguien llegó a casa con este comentario:

—El hijo de Andrés el americano armó un escándalo en la iglesia.

El nombre de Andrés el americano, a quien nunca llegué a conocer, sí me era familiar, por tratarse de un personaje casi legendario en Trinidad, donde no había memoria de nadie que le hubiera aventajado en estatura. Había venido a Cuba por primera vez a fines del siglo anterior como uno de los famosos *Rough Riders* de Teddy Roosevelt, y luego había vuelto varias veces hasta que terminó por quedarse; como era frecuente con muchos extranjeros, el país y su gente lo habían seducido. Tenía fama de honrado e industrioso, virtudes éstas que no le hicieron rico, al menos en el tiempo que vivió en Trinidad. A principio de los años cuarenta, y luego de dos divorcios, se casó con una muchacha de la ciudad y con ella tuvo tres hijos: dos niñas y Andy, que era mellizo de una de sus hermanas.

Cuando lo del escándalo en la iglesia, Andy tendría unos

15 años. No puedo precisar ahora la fecha, pero debió haber sido a fines del 57 o principios del 58, cuando ya se había acentuado la insurrección y el capitán Guerrero era el jefe del puesto militar. Como tantos jóvenes de su edad, Andy simpatizaba con el movimiento insurreccional y con su líder. Queriendo hacer ostentación de su fe revolucionaria, no había encontrado nada mejor que aprovechar la concurrencia que atestaba la parroquial mayor, en ocasión de una boda elegante, para vocear:

—¡Dios en el cielo y Fidel en la tierra!

La reacción de algunos, ya por adhesión al gobierno, o por miedo, ya porque pensaran que se trataba de una provocación deliberada para estropear la ceremonia, fue bastante brutal. Nos contaron que lo habían sacado del templo a puntapiés y que luego había sido conducido al cuartel del Ejército que, en ese momento, se ocupaba directamente de reprimir la subversión. Nos contaron también que el temible capitán Guerrero había desestimado la causa, y había roto el acta que levantaba, cuando el muchacho le dijo que era ciudadano norteamericano, y que todo se había reducido a una amonestación.

Aunque yo nunca simpaticé con la revolución, me parecía monstruoso que pudiera agredirse o reprimirse a alguien por la sola manifestación de sus ideas; y aunque entendía que Andy no tenía derecho a sabotear la boda, admiré su valentía y me irritó el atropello de que había sido víctima. Para entonces, su padre ya había muerto, y la madre, aunque bastante enérgica, a duras penas podía controlar al adolescente que tenía fama de iracundo y rebelde.

Yo lo conocí años después de este suceso, cuando la revolución en el poder acentuaba sus rasgos autoritarios, y el hombre cuya supremacía él había proclamado se adueñaba efectivamente del destino y los bienes de todos. Para entonces, desengañado como tantos, andaba en gestiones conspirativas y había venido a casa para ver a mi madre que también conspiraba. Era un chico alto —aunque no había alcanzado la estatura del padre—, delgado, con un rostro anguloso que unas cuantas marcas de acné no lograban afear, en el que predominaban unos ojos hermosos y vivaces. Defendía sus ideas o sus planes con tozudez y determinación, aunque conservaba un cierto candor infantil en la sonrisa.

Mi madre le tenía simpatía en la que, pienso ahora, se mezclaban la ternura y la pena —acaso como un reflejo del afecto que sentía por su familia, acaso también por saberlo sin padre, por verlo un poco a la deriva, previendo tal vez los peligros que sobre él se cernían.

En un momento sus visitas se hicieron más asiduas. Andy quería incorporarse a la insurrección y sabía que mi madre conocía la manera de conseguirlo; aducía que su situación en Trinidad se hacía cada vez más insostenible, que la policía lo hacía vigilar constantemente, que en varias ocasiones había notado que lo seguían presuntos agentes, a los que trataba de confundir regresando a su casa por diferentes rutas o dando largos e inusuales rodeos, que temía que lo arrestaran en cualquier momento.

No obstante, mi madre se mostró renuente a colaborar con sus planes. En parte porque la alarmaba el temperamento de Andy, a quien encontraba inmaduro para empresa tan seria y, sobre todo, por saber que su familia no le perdonaría que ella hubiera ayudado a ponerlo en situación tan peligrosa. Al mismo tiempo, no quería ofenderlo con una negativa rotunda que le hiciera pensar que ella no le tenía confianza. Sabiamente, decidió dilatar cualquier gestión a ese respecto. Entretanto, algún imprevisto podría ocurrir. Un día, escuché que mi madre conversaba del asunto con una amiga y compañera de trajines conspirativos, y ésta le sugirió:

—¿No crees que deberías decírselo a su familia?

Mi madre no estuvo de acuerdo.

—No tengo ese derecho, ya no es un niño y no puedo traicionar su confianza y humillarlo de esa manera. Lo único que conseguiría es provocar que cometa un disparate. Es mejor seguir entreteniéndolo, tratar de convencerlo de que puede ser más útil permaneciendo aquí. Después de todo, siempre hace falta gente en las ciudades.

Sin embargo, el clima de persecución y acoso que Andy sentía que lo asfixiaba en Trinidad, al parecer se recrudeció en los próximos meses. No recuerdo si, en algún momento, llegaron a detenerlo, o si la policía allanó su casa cuando ya él era un prófugo; pero me acuerdo de una noche en que, al regreso del cine, en una de las calles cercanas al parque central, me encontré con él, que optaba por evadir el punto más concurrido de la ciudad al volver a su casa.

Me había detenido ante la vidriera de una tienda a mirar las muestras de unas diapositivas de lugares pintorescos del mundo —«El castillo de Windsor», «El templo de Buda en Bangkok»— que en esa época solía coleccionar. En eso me entretenía cuando Andy cruzó por mi lado caminando aprisa. Me saludó al pasar y, ya se alejaba, cuando se volvió y me dijo en un tono muy serio:

—No debes pararte aquí a esta hora, pueden sospechar que estás en algo —y siguió andando a grandes zancadas.

A mí me pareció excesiva su advertencia; pero, al

mismo tiempo, me obligaba a atender una realidad de la que entonces yo persistía en evadirme, aferrándome, siempre que podía, a los sueños de una infancia que una parte de mí rehusaba abandonar. Mirado a la distancia, todavía ese encuentro me resulta ilustrativo de dos percepciones de la misma realidad: yo había mirado el pasatiempo, donde Andy había mirado el peligro. Ese juicio lo hizo un hombre a mis ojos, pese a que entonces él apenas tendría 18 años.

Algún tiempo después volvió a casa en compañía de un par de amigos suyos que, al igual que él, traían la cabeza rapada porque, según decían, era un modo de protestar contra un régimen que todavía entonces se asociaba con la gente de pelo largo. Esta vez su temor a «caer preso» se había acrecentado, al tiempo que su deseo de «entrar en acción» parecía impostergable. Mi madre le arguyó que, en ese momento, carecía de contactos, pero, si creía que realmente su seguridad corría peligro, ella podía hablar con alguien que lo escondiese durante un tiempo.

No sé si llegó a hacerlo; pero poco después Andy dejó de vivir con los suyos y, cuando muchos en la ciudad empezaban a creer que realmente se había alzado, lo encontré en casa de una parienta de mi madre que vivía en las afueras de la ciudad, sitio que yo entonces visitaba a menudo y que no me parecía que ofreciera la suficiente privacidad para ocultar a nadie. Me resultaba absurdo que Andy hubiese elegido como escondite una casa tan frecuentada como aquella, donde podía ser visto de mucha gente, entre la que era lógico suponer que no faltara algún informante de la policía.

Fue en esta época cuando más hablé con él —a veces

durante horas enteras— especialmente de historia y de política. Era un interlocutor apasionado que defendía sus puntos de vista con la arrogancia propia de los adolescentes, que se valen de argumentos rotundos y de un insultante desdén para cualquier punto de vista que no coincida con el suyo. Lo animaba una suerte de fanatismo. Creía, de antemano, que los hechos le darían la razón.

Un día pregunté por él y ya no estaba. La dueña de la casa fue lo bastante discreta para no contarme lo que había pasado, pero no tardamos en enterarnos de que Andy, al fin, se había sumado a la insurgencia que, en ese mismo momento, mostraba un cierto índice de pujanza, aunque se enfrentaba a un enemigo diez, veinte, treinta veces más numeroso y de superior armamento.

Después supimos de él por su familia, o por los emisarios de los alzados que pasaban a vernos y a quienes siempre mi madre les preguntaba por Andy. Algunos no lo conocían personalmente, pero la fama del valor y la intrepidez del americanito se propagaba en las filas rebeldes. Toda la exaltación y la furia que habían caracterizado su adolescencia parecían haber hallado un vehículo para expresarse y una causa a la cual servir. Al igual que su padre, Andy tenía el temperamento de un soldado y la convicción de un patriota, y había terminado por encontrarse a sí mismo en el fragor de aquella guerra desesperada.

Por supuesto, la realidad brutal de una campaña guerrillera debe haberse impuesto a ciertos rasgos de ingenuidad que coexistían con su precoz vocación de hombre: en el monte no podía mantenerse rapado, como alguna vez me asegurara, y para el tiempo de su captura, muchos meses después, tenía una larga cabellera. Así le dijeron a su familia las enfermeras y los médicos que lo atendieron cuando lo llevaron herido al hospital de Trinidad en una ambulancia que pasó aullando frente a su casa, y luego en el hospital de Cienfuegos; pero ni su madre ni sus hermanas pudieron verlo entonces, ni nunca más.

Según habría de contarles después el cirujano que lo operó en Cienfuegos, la herida que Andy tenía en una pierna no era cosa grave, y él le había sugerido que fingiera que no podía moverse para evitar los riesgos de un traslado; pero, al día siguiente, cuando el médico fue a visitarlo, se encontró con la cama vacía, y alguien le dijo que el herido había muerto durante la noche, aunque el médico no halló su cadáver en las neveras de la morgue, ni nadie que atestiguara haberlo visto y, en consecuencia, se negó a firmar el acta de defunción. Técnicamente, se trataba de un desaparecido.

A partir de ese momento la familia de Andy empezó a vivir con una angustiosa incertidumbre de la que nunca ha logrado salir. Sin muchos recursos, su madre y sus hermanas comenzaron una desesperada peregrinación por hospitales, cárceles, necrocomios y cementerios, ya movidas por sus propios instintos, ya atendiendo a los informes de amigos o de funcionarios del régimen; pistas que acrecentaban su esperanza o su pesar, pero que terminaban por no llevar a parte alguna.

En los meses que siguieron, la presencia de Andy parecía multiplicarse: casi simultáneamente, decían haberlo visto, de pelo largo y barba, en la sala de convalecientes de un hospital o, inválido y con el traje de los presos políticos, en la antigua fortaleza de La Cabaña; entre los forzados que trabajaban en las canteras de mármol del reclusorio nacional de Isla de Pinos, o en la celda acolchada de un pabellón psiquiátrico. Sin que faltaran, desde luego, los que, dando por segura su muerte, estuvieran dispuestos a guiar a la familia hasta una tumba anónima que sucedía que estaba en tres o cuatro cementerios a un tiempo.

Durante años, la madre y las hermanas de Andy vivieron en la atmósfera de esta pesadilla. Aferrándose, aunque cada vez más débilmente, a la esperanza de su supervivencia, o aspirando, al menos, a encontrar el sitio donde hubieran sepultado sus restos. En ese afán escribieron innumerables cartas: a funcionarios civiles y militares, a autoridades eclesiásticas y a líderes internacionales, a diplomáticos y a periodistas extranjeros, a instituciones defensoras de los derechos humanos y a galardonados con el premio Nobel, a figuras notables del arte y de la ciencia. Sin embargo, las gestiones y los buenos oficios de alguna de esta gente nunca lograron resolver el enigma y, para la época en que la familia emigró a Estados Unidos, casi dos décadas después, el caso seguía estando en el misterio.

¿Qué le ocurrió a Andy aquella tarde cuando el médico lo dejó en el cuarto del hospital advirtiéndole que fingiera estar peor para dilatar su traslado?

Según algunos, pocas horas después de la operación sufrió una crisis súbita, debido casi seguramente a una trombosis, y la Seguridad ordenó remitirlo de inmediato a otro centro, y luego —por temor a las repercusiones políticas que su muerte podría tener en Trinidad— decidió no avisar a la familia cuando falleció. Esta versión, sin embargo, contrasta con el testimonio del personal del hospital, donde nadie recordaba que el enfermo hubiera sufrido tan repentino agravamiento.

El americanito

Otros dijeron que había convalecido incomunicado en alguna cárcel secreta y, una vez repuesto, lo habían hecho fusilar en el célebre Hoyo de la Campana, campamento militar que no dista mucho de la ciudad de Santa Clara, en el que, para esa fecha, habían ejecutado a varios centenares de personas.

Sin embargo, una agencia de derechos humanos le informó a la familia, mucho tiempo después, de un final más dramático que, si bien es igualmente verosímil, parecería más acorde con el temperamento del americanito. Según esta versión, el traslado de Andy tuvo lugar al anochecer, por una carretera secundaria que conecta a Cienfuegos con Santa Clara y que bordea las estribaciones de la sierra donde los alzados libraban entonces su guerra de guerrillas. En un momento —acaso por entender que la fuga era posible y sobreestimando sus propias fuerzas— Andy trató de arrebatarle la metralleta al guardia que lo escoltaba junto a su camilla, y éste le hizo un disparo que lo mató en el acto. Luego, por entender que era inútil seguir viajando con un cadáver, los custodios decidieron enterrarlo allí mismo, en una fosa que cavaron aprisa en la cuneta, alumbrándose con los faros de la ambulancia militar.

Tal vez fue así. Pero acaso por el misterio que rodeó su final, nunca he podido convencerme del todo de que él esté muerto, como tampoco podría imaginarlo con la madurez de los 50 y tantos años que, de haber vivido, ahora tendría. Para mí, Andy será siempre el adolescente valeroso y colérico que se rebeló contra los que querían domesticar su individualidad y rehusó someterse al nuevo orden que casi todos aplaudían.

El enviado

El enviado

La hospitalidad siempre fue la primera virtud de mi casa, una obligación tan natural y ejercida con tanta sencillez y devoción que nadie de la familia se habría atrevido a cuestionar. Esa hospitalidad se asociaba a la fe, al mandato del Evangelio a recibir y alojar a los «siervos del Señor» que, para protestantes radicales que creían estar reviviendo los tiempos de la Iglesia primitiva, podían ser individuos de toda laya que, con algunos ademanes píos, se identificaran como emisarios de Cristo.

Desde pequeño compartí la vida doméstica con estos transeúntes —hombres y mujeres, blancos y negros, nacionales y extranjeros— que vivían de la caridad de mi abuela y que, además de orientar las devociones de una pequeña comunidad de cristianos carismáticos y mediar en sus conflictos morales, presidían la mesa familiar y bendecían los alimentos. A veces la oración de acción de gracias era dicha en un español torpe y balbuciente; otras, directamente en inglés; lo que en más de una ocasión llevó a mi abuela a decirme que no dejara de aprender inglés que, al parecer, era un idioma que el Señor prefería.

Por la época en que transcurrió mi infancia esta tradición de los míos de hospedar misioneros tenía más de medio siglo: se remontaba a la primera intervención norteamericana, cuando mis bisabuelos maternos decidieron abandonar la Iglesia Católica y convertirse en la primera familia protestante de Trinidad, lo cual era casi una contradicción de términos. En poco más de cincuenta años, en casa habían cambiado varias veces de denominación, y los misioneros, evangelistas, visitadores, exorcistas y colportores que habían pasado por ella eran innumerables. Por lo general estaban poco tiempo, ya fuera porque establecían su propia casa, porque abandonaban súbitamente la vocación, o porque el «concilio» se apresuraba a relevarlos a petición de alguien de mi familia; o bien porque mis mayores decidían dejar de auspiciar una iglesia y se pasaban a otra, dando lugar a la inmediata cesantía de nuestro huésped. De estos desplomes súbitos hubo varios a lo largo del tiempo, lo cual llevaba a decir a una de mis tías, con mal disimulada soberbia, que éramos «columnas de la casa de Dios».

En esta larga lista de visitantes, hubo algunos que serían recordados por mis mayores como ejemplos de auténtica piedad, de dedicación a su ministerio y de amor al prójimo; y otros que, al mencionarlos en las sobremesas 30 ó 40 años después, aún merecían algún comentario negativo de mi madre, no sin que Abuela la reprendiese con la mirada, acaso por pensar que el comentario iba dirigido contra su caridad. En esos casos ella solía ponerle fin a la crítica apelando a la Biblia:

—Recuerden que «algunos por hospedar, hospedaron ángeles».

El enviado

El flujo de religiosos decreció después del triunfo de la revolución, casi en la misma medida en que aumentaban las actividades conspirativas de mi familia. Para fines de 1960, las iglesias norteamericanas no sólo habían dejado de enviar misioneros a Cuba, sino que muchos pastores cubanos comenzaron a emigrar. Los visitantes de casa tenían ahora otra cara y otros propósitos: en su mayoría eran jóvenes llenos de idealismo entre quienes el lenguaje piadoso era casi desconocido, de manera que la costumbre inmemorial de dar gracias a Dios en las comidas se fue tornando un hábito menos reverente. A partir de que los Estados Unidos rompieran relaciones diplomáticas con Cuba, en casa empezó a vivirse un ambiente de guerra, en el cual la política había sustituido a la fe como tema de conversación. Si lo religioso aparecía, era como un argumento de respaldo a la acción política, con la cual, en ocasiones, lograba confundirse. Se hicieron rutinarias las consultas oraculares a la Biblia —posando el dedo al azar sobre algún texto— para que la divinidad respondiera, con la voz del Antiguo Testamento, cuál había de ser el oprobioso final que reservaba para el régimen impío que se había apoderado de nuestro país. La más sensible y alucinada de mis tías, que tenía un nombre bien ganado en la familia como inspirada profetisa, vaticinaba las peores catástrofes que, en su opinión, eran nuncio del fin de los tiempos y del inminente advenimiento de Cristo. Mi madre, un poco más práctica, limitaba sus profecías a la caída del gobierno. Sin lugar a dudas, Dios estaba enteramente de nuestra parte.

En medio de este clima conspirativo, de fervor patriótico y tensión apocalíptica, llegó una noche a casa un joven que se presentó como estudiante de la Biblia, a quien un pastor amigo de mi madre enviaba como persona de confianza. Era alto y delgado, ligeramente encorvado de espaldas y con ese aire entre tímido y untuoso que tienen los campesinos cuando asumen alguna misión. Dijo llamarse Reynerio Perdomo y quería que mi madre le diese albergue. Su propósito, según le confió luego en privado, era incorporarse a las guerrillas que luchaban en la Sierra del Escambray, entre tanto podía ser útil como enlace. En su pequeño equipaje de mano traía alguna ropa, literatura bíblica (sueltos y plegados) de la que pronostica el fin del mundo y, según supe después, una pistola.

Mi madre se sintió feliz de encontrar, al fin, un conspirador que también fuese piadoso, que al tiempo que enmascaraba sus actividades políticas bajo apariencia religiosa, la ayudara a conciliar sus inquietudes cristianas con la ferocidad de aquella lucha.

Perdomo fue adoptado por la familia y, poco a poco, la mansedumbre de un principio fue cediendo ante los arranques de un carácter autoritario y vehemente. En casa no protestaban por ello; antes bien, la fogosidad con que intervenía en las reuniones secretas o en las discusiones de sobremesa veíanla como prueba de que contaba con el respaldo de alguna misteriosa inspiración. Mi tía la visionaria llegó a considerar, en un momento, si Perdomo no sería un auténtico mensajero de Dios que había venido a librar nuestra causa y nuestra familia de los inmensos peligros que corría. Poco después le ratificaron tal premonición en un sueño, en el que había visto a Perdomo con el rostro resplandeciente y, de fondo, las palabras que el evangelista pone en boca del propio Dios en la transfiguración de Jesús: «a él oíd». Mi abuela, mucho más parca en sus comentarios, trataba al visitante con la deferencia de un enviado.

Así pasaron varias semanas, y Perdomo aplazaba la fecha de su alzamiento, en tanto seguía participando, como si se tratara de un experto, en todas las reuniones donde se debatía la manera más expedita de auxiliar a los alzados, las vías de acceso menos arriesgadas, los intermediarios más confiables y las cosas de que más carecían.

A mí me irritaba la omnipresencia de Perdomo que, por su doble carácter de conspirador y religioso, acaparaba la totalidad de la vida doméstica, interviniendo en todo y opinando acerca de todo con la rotundidad de un elegido. Él nunca hablaba mucho de su familia, ni de lo que había hecho antes de que «Cristo cambiara su vida»; pero, según le había contado a mi madre, era huérfano desde muy pequeño y, prácticamente solo, había aprendido a leer y escribir, esfuerzo que alternaba con las tareas más rudas que se había visto obligado a realizar para sostener a varios hermanos.

Mi madre afirmaba que, pese a su entusiasmo, ella percibía detrás de su mirada una tristeza que, necesariamente, asociaba con esos infortunios y que la llevaba a sentir por él una cierta lástima, que disfrazaba con los ademanes de la ternura.

Por mi parte, y aunque había aprendido a respetar desde hacía mucho la sensible intuición de mi madre, yo no percibía en la mirada de Perdomo la tristeza que ella creía entrever, sino más bien una suerte de miedo, de pavor infantil, de melancólica turbidez, que no es precisamente lo que uno asociaría con la límpida mirada que se le atribuye a los ángeles.

Entretanto, la rebeldía armada empezó a declinar. La ofensiva del gobierno se acrecentó, y nuestros emisarios y candidatos a alzados veían cada vez más cerradas sus vías de acceso al campo insurgente. Algunas de las personas comprometidas habían sido arrestadas en diferentes escenarios, y la célula a que pertenecía mi madre decidió pasar de inmediato a la inactividad. En más de una ocasión vinieron a decirnos que algunos de los más allegados habían cedido a los interrogatorios y torturas y habían delatado a sus cómplices que no tardaron también en caer presos. En casa vivíamos en continuo desasosiego, a la espera de que los agentes de la Seguridad se presentasen de improviso. Perdomo arguyó que su integridad peligraba y, sin saber aún si se alzaba o se «hundía en la clandestinidad», desapareció una noche tan de improviso como había llegado meses antes, y ni siquiera se despidió de mi madre que se encontraba ausente.

Esa misma noche, la policía hizo una gigantesca redada en varios lugares del país. En Matanzas estuvieron a punto de arrestar al líder del movimiento en que militaba mi madre y en nombre de quien había llegado Perdomo a nuestra puerta. De regreso a su casa, el hombre advirtió que ya había sido allanada por la policía y siguió de largo hasta donde tenía oculta una lancha en la que huyó al extranjero. Otros comprometidos no tuvieron la misma suerte y terminaron en la cárcel o frente al pelotón de fusilamiento no muchos días después. En casa nos quedamos muy confundidos por estas noticias y mis mayores tomaron algunas precauciones a la espera de que llegaran a arrestarlos; pero nadie nos molestó.

En cuestión de semanas, los pocos elementos que habían escapado a la redada y que persistían en sus actividades comenzaron a aparecer de nuevo, tímida y esporádicamente. Antes de proseguir, necesitaban reorganizar fuerzas, reorientarse, tratar de entender si habían tenido fallos y si, como era de suponer, habían sido víctimas de alguna infiltración. En esos tanteos se andaba en casa cuando se recibió un mensaje aterrador: desde Matanzas nos alertaban que Reynerio Perdomo había sido detectado como un agente del gobierno.

Recuerdo el sobresalto de tal anuncio y como, al mismo tiempo, esta noticia le daba de repente una explicación a muchas interrogantes pendientes. Ahora toda la operación represiva y muchos otros fracasos que le antecedieron se revestían de lógica: Perdomo no era un delator ocasional, sino un agente minucioso que había llegado a inducir a toda una red de conspiradores a la realización de acciones concretas que, desde el comienzo, habían estado en manos de la policía.

Mi madre se quejó de náuseas, mientras Abuela, con su discreción habitual, no encontraba mejor salida que proponer un trago de café. Mi tía no creía que la revelación contradijera sus opiniones de un principio.

—No me equivoqué cuando me pareció un ángel, sólo que era un ángel caído. No hay que olvidar que el Engañador era el lucero más hermoso del firmamento.

—No en balde yo siempre le sentí un cierto tufo a azufre, tía —dije, restándole seriedad al momento y provocando la risa general. La conversación derivó luego por cauces menos graves, hasta que Abuela dijo que, en lo adelante, no se volviera a mencionar el nombre de Perdomo, ya que sería lo mismo que conjurar al Diablo.

Pasaron muchos meses. La ofensiva del Ejército se recrudecía. El movimiento de tropas en la ciudad era continuo y, para los que nos oponíamos al régimen, la sensación de estar sujetos a un estado de ocupación era cosa muy vívida.

Una tarde, a la salida de una tienda, me encontré con Perdomo, de uniforme militar, con pistola al cinto y botas de campaña, quien, de momento, hizo un amago de saludarme y luego se contuvo. Yo lo miré fijamente y, al tiempo de cruzarse conmigo, escupí aparatosamente en el suelo y le pasé el pie al salivazo con el mayor desprecio. Él no se dio por aludido.

El verdugo

EL VERDUGO

Manolito Carbonell había sido un hombre delgado, al menos eso afirmaban sus amigos y mi familia, que lo había protegido en tiempos de Batista cuando se dedicaba a la subversión y la policía andaba en su busca para matarlo. Contábase —o lo contaba él mismo, acaso para ganar méritos en tiempos en que el pasado ya había empezado a reescribirse— que el temible capitán Ventura lo tenía al tope de su lista negra y que sólo el azar y la oportuna intervención de alguna buena gente lo habían librado de la tortura y de la exposición de su cadáver con un letrero en el pecho.

Yo, ciertamente, no lo recuerdo de esa época, sino de años después, cuando llegó a Trinidad como segundo jefe de las operaciones militares del Escambray en el momento en que los comunistas movilizaban a más de un centenar de batallones para aniquilar un foco de insurrección que había durado varios años. Entonces, el diminutivo cariñoso con que mi abuela insistía en llamarlo carecía de toda justificación: el capitán Carbonell era un hombre mofletudo y jadeante que exudaba prepotencia y ordinariez y que, con sus 250 libras de peso mal repartidas en un cuerpo mediano, y la continua obsequiosidad de sus guardaespaldas, era exactamente lo opuesto a la imagen del líder estudiantil que alguna vez presumiera ser.

Se apareció en casa de súbito un domingo al mediodía, con el pretexto de que quería «almorzar en familia». La presencia de la escolta con metralletas alarmó un poco al vecindario que, sabedor de nuestra antipatía por el régimen, acaso imaginó llegada la hora de nuestro arresto o, al menos, de algún registro en busca de armas o propaganda subversiva. Todavía había gente en las ventanas de las casas cercanas cuando, casi a las cinco, Carbonell se despidió afablemente de nosotros.

A mi abuela, pendiente del buen nombre de la familia, le preocupaba la opinión que podía generar aquella visita que, además, amenazaba repetirse, ¿qué ventajas podría tener «significarse» públicamente recibiendo a un hombre «tan comprometido con el régimen»? Un régimen que, en su opinión, no estaba destinado a durar.

Mi madre, en cambio, encontraba en la repentina reaparición de Carbonell una ventaja y hasta una coartada para sus actividades.

—Ojalá venga con frecuencia, eso nos libra de sospechas. Eso sí, tenemos que evitar que su visita coincida con los nuestros.

Los «nuestros» eran los colaboradores y emisarios de los alzados —a los que Abuela insistía en llamar «prácticos», término que era un rezago de la Guerra de Independencia que ella había vivido de adolescente. Entre los «nuestros» también se contaban los que venían de La Habana y de otros lugares del país para incorporarse a la guerrilla y que, para la fecha, mi madre trataba de disuadir de lo que parecía una empresa sin futuro. Algunos llegaron a vivir en casa por varias semanas antes de ocultarse en sitios más seguros de donde, finalmente, pudieran regresar a sus lugares de origen o escaparse al extranjero. Otros persistían en su proyecto y los «prácticos» se los llevaban un buen día hacia los campamentos de los alzados que, por la época en que Carbonell nos hizo su primera visita, el asfixiante cerco del Ejército tornaba casi inaccesibles. Siempre que alguien iba «para el monte», mi madre aprovechaba la ocasión para enviar medicinas. Ahora la presencia del capitán Carbonell venía a agregar, paradójicamente, un elemento de peligro y sosiego a su labor conspirativa.

—Cálmate, esta amistad nos beneficia. Por el momento dejarán de chequearnos. Y hasta podremos obtener alguna información.

Y así fue. Seguíamos ayudando a los alzados, que cada vez eran menos, y enviándoles medicinas y latas de conservas cuando podíamos y, por supuesto, información de primera mano que el capitán Carbonell se ocupaba de darnos en sus largas sobremesas dominicales en las cuales contaba, con minucioso sadismo, todos los horrores que cometía en su cuartel maestre de Rancho Consuelo: una amable granja de pollos que Antonio Aguirre había levantado en la desembocadura del Río Cañas, convertida ahora en campamento militar, prisión y sitio de ejecuciones.

Me acuerdo de la última vez que estuve en Rancho Consuelo con unos amigos de los dueños, quienes esperaban que la granja llegaría a convertirse en un verdadero emporio: el nuevo concepto de la avicultura que terminaría por sustituir al más rudimentario de la «cría de gallinas». Cuando Carbonell se residenció en la casa de los Aguirre —donde tenía una de sus muchas queridas—, ya escaseaban los pollos, y la «granja» pertenecía a la semántica de George Orwell. Ahora se trasegaba con carne humana.

Carbonell no se tomaba el trabajo de encausar ni de presentar a tribunales —ni siquiera a los llamados tribunales revolucionarios— a los alzados y colaboradores, campesinos en su mayoría, que capturaba en sus redadas. Al objeto de ser más eficaz y expedito, se había buscado los servicios de un «jurídico», un abogaducho improvisado, mulato pequeño de cara siniestra, que celebraba juicios sumarísimos y hacía ejecutar a los prisioneros con gran diligencia. Carbonell no entendía de debilidades cristianas, Rancho Consuelo era en verdad un matadero.

—A los que voy a fusilar se los aviso una semana antes—, nos dijo una tarde, en presencia del mulato siniestro y de un ayudante, mientras mordisqueaba golosamente un muslo de pavo.

Mi abuela, con auténtica ingenuidad, le preguntó.

—¿Y por qué haces eso, Manolito?

—Pues, para que sufran, señora, para que sufran.

Mi abuela no supo que contestar, pero su rostro reflejaba pesar y asombro a un tiempo. Nadie habló por un rato en el que sólo se oía el ruido de las mandíbulas de Carbonell y de sus dos secuaces. Yo me atreví a intervenir, con presunta inocencia y también con el atrevimiento que me daba la edad.

—¿Y quién los juzga? —dije.

El «jurídico» levantó la mano del plato, sosteniendo aún un pedazo de pavo, para indicar que era él. Por debajo de la mesa mi madre me daba un pellizco feroz que, lejos de acallarme, me hizo ser más audaz.

—¿Y usted puede?

—Bueno... el inquisidor titubeó por unos segundos y su jefe le quitó la palabra.

—Estamos en guerra, muchacho. Una guerra en que la supervivencia de la revolución está en juego, en que no podemos darnos el lujo de ser blandengues. Y eso, muchas veces, exige medidas drásticas. La revolución es justa, pero no siempre se pueden hacer las cosas por el libro. En este momento tenemos que arrancar la mala yerba de raíz, aunque de vez en cuando se nos vaya la mano. Piensa en cuanta gente fusiló Máximo Gómez en la Guerra de Independencia.

El mulato asentía con la boca llena. Mi madre creyó oportuno agregar:

—Siempre es así en los momentos críticos.

Y aquellos ciertamente lo eran. Carbonell, según se acrecentaba la ofensiva, arreciaba el terror. La ley que decretaba la pena de muerte para todo el que se hubiera sublevado contra el régimen era aplicada ahora con extremo rigor. El Capitán, que en realidad tenía mando de general de brigada, hacía fusilamientos en masa, de los cuales nos daba periódica cuenta. Para entonces su urgencia de matar era tanta que no creo que se tomara el trabajo de anunciar a sus víctimas la sentencia con una semana de antelación.

Una tarde, viniendo del colegio, me lo encontré a la puerta de la funeraria, haciendo cargar en un camión militar un buen lote de ataúdes sin forrar. No imaginaba por qué había tenido que venir en persona a ocuparse de esta horrible tarea que dirigía con su eficiencia habitual. Pensé por un momento que había habido bajas del Ejército en algún encuentro súbito con los insurgentes. Le pregunté si tenía algún problema.

—No, chico, es que esta noche tengo cepillo, —y se pasó el índice por el cuello sudoroso. En el camión había como veinte ataúdes.

Para entonces, la subversión había entrado en una fase agónica. Por casa ya no venía nadie, ni candidatos a alzados, ni prácticos, ni fugitivos. El cerco del Ejército liquidaba los últimos brotes de resistencia. La región estaba casi enteramente «pacificada». Algunos campesinos, desplazados por la guerra, que habían encontrado refugio en Trinidad —ya por temor al Ejército o a la guerrilla— comenzaban a volver a sus tierras. También había rebeldes que se habían escondido en el pueblo, en casa de parientes y amigos, cuando la ofensiva se hizo insostenible, y que ahora se encontraban un poco perdidos, atrapados, sin saber adonde dirigirse.

Entre estos últimos recuerdo a un guajirito, de unos 30 años, que había sido guerrillero «de medio tiempo» como él mismo decía, de esos que se alzan todas las noches y de día siguen trabajando sus tierras. Cuando la campaña se recrudeció, había enviado a su mujer y a sus hijos a Trinidad. Un día le había tocado traer un mensaje y ya no había podido volver. Su finca estaba en la misma línea de fuego.

Cuando podía, este hombre iba por casa en busca de ayuda y consejo. Se sentía en una ratonera. Sin recursos, sin empleo y sin valor para salir a conseguirlo. Temeroso de que sus propios parientes, abrumados por la carga que representaba su familia, fuesen a denunciarlo. La subversión estaba sofocada. Los cuatro alzados que podrían quedar a esas alturas eran un lamentable grupo de fugitivos. Su propiedad ya estaba en territorio controlado por el gobierno.

Fue entonces que a mi madre se le ocurrió una idea temeraria.

— ¿Querrías volver a tu tierrita?

Era lo que más quería, pero arguyó que tenía miedo, que debía estar ocupada por el Ejército, que aparecerse de improviso podría significar que lo prendieran y lo fusilaran.

—Déjalo en mis manos. Yo voy a hablar con el capitán Carbonell. Él te dará un salvoconducto.

El hombre abrió los ojos como si mi madre hubiera proferido un insulto.

—Confía en mí. Le diré que te refugiaste en el pueblo porque los alzados te amenazaron de muerte. Sólo tienes que hacerte la idea de que esto es la verdad y pasar por cobarde. Carbonell es demasiado vanidoso para creer que eres capaz de burlarte de él de esa manera.

El hombre terminó por aceptar la propuesta de mi madre. Días después, cuando el capitán Carbonell volvió por casa, mi madre le abordaría el asunto casi al final de la sobremesa. Le contó brevemente la historia y le preguntó qué tendría que hacer el campesino para regresar a su tierra.

—Ahí tienes. Por el bienestar de esos infelices hemos tenido que ser duros. Si bien es cierto que muchos de ellos mismos no lo entienden. Esa es la gente para la que se hizo esta revolución. Dile que se presente en el campamento o, mejor aún, que esté aquí el domingo que viene y yo mismo lo voy a encaminar.

Una semana después, el temido capitán Carbonell se llevó al recomendado de mi madre. Lo hospedó una noche en el campamento, no lejos del sitio donde había hecho fusilar a tantos de sus compañeros de lucha y, al día siguiente, lo envió a la finca con uno de sus ayudantes, no sin antes regalarle un cerdito y algunas gallinas para que «fuera tirando».

Pasado algún tiempo —terminada la guerra y Carbonell degradado y licenciado deshonrosamente del Ejército por borracho y «antisocial»— el campesino volvió por casa con algunas frutas y hortalizas para mi madre, aunque ninguno de los dos mencionó la historia. Para entonces es posible que creyera que las cosas ocurrieron como ella las había inventado.

El mártir

El mártir

A mediados de los años setenta, Alberto Águila Chaviano era tan sólo un nombre que llevaban pintado sobre un cintillo naranja los desvencijados autobuses del único central azucarero de la zona de Trinidad. Yo, en cambio, me acordaba —y aún me acuerdo— del hombre corpulento y jovial que respondía a ese nombre antes de que un infortunado incidente lo convirtiera en «mártir de la revolución».

Él vivía a dos puertas de la casa de mi tío Rafael, de quien era bastante allegado, y lo conocí por la época —alrededor de 1955— en que me fui a vivir a esa casa por una larga temporada. Para entonces él ya pasaba de los cuarenta años —o, al menos, eso yo calculaba— y, en jerga de vecinos, se le mencionaba como el marido de su primera mujer que, al parecer, tenía más relieve social y fama de dominante.

Águila era un hombre enérgico, agradable y comunicativo, siempre dispuesto a servir a los demás, a hacer favores y a contar anécdotas jocosas.

Yo tenía la impresión de que las largas horas de plática que él pasaba en casa de mis tíos eran una especie de evasión de la vida no muy feliz que llevaba en su casa y de la que muy pocas veces hablaba. Era empleado del Central Trinidad, y alguna vez entretenía la idea de hacer ahorros y de librarse del trabajo que lo obligaba a hacer un viaje diario de unos veinte kilómetros mientras duraba la zafra azucarera y, esporádicamente, en los meses del tiempo muerto. Sin embargo, era obvio que sus planes de independencia no progresaban mucho, en tanto su situación doméstica se agravaba, pareja a la crisis política del país.

Mis tíos lo escuchaban con simpatía y con el aire grave que suelen poner los confesores y, luego, le administraban algunos consejos prudentes. Tenían muy arraigado el criterio de que es mejor no intervenir en querellas conyugales, y trataban de mantenerse al margen siempre que podían.

No mucho después estallaría la guerra y el enfrentamiento entre simpatizantes del gobierno y de la oposición se hizo más enconado. Mis tíos eran partidarios del gobierno y consideraban que el movimiento revolucionario que se proponía derrocarlo no era más que una conspiración de comunistas decididos a subvertir la nación. No sé cuál era entonces la opinión de Águila, pero sí me acuerdo que nunca dejó de visitarnos ni de participar vivamente en las conversaciones en que se trataba de adivinar el futuro político. Por entonces su matrimonio naufragaba.

Tal vez en esa fecha simpatizaba con la revolución, como tantos, pero no podría asegurarlo, porque su amistad con mis tíos no decayó. De lo que sí me acuerdo es que ya en los primeros meses que siguieron a la victoria de los rebeldes, Águila estaba junto a nosotros en la oposición, compartiendo las noticias de onda corta y las esperanzas de que una oportuna intervención de Estados Unidos impidiera la consolidación de una dictadura.

Para esa fecha, se había divorciado para casarse con una muchacha dulce y guapa que, desde el principio, había tratado de ganarse las simpatías del vecindario. Su primera mujer era rubia y de facciones duras; ésta, en cambio, era morena y tenía un apacible semblante de madona. El matrimonio lo rejuveneció, y hasta habló de bajar de peso, aunque los guisos de su nueva mujer no se lo permitieron. Me acuerdo que mi tío —que había sido hombre de abundante ropero y cuya vida social había declinado notablemente después del triunfo de la revolución— le cedió uno de sus trajes —gris, de tres botones— por la época en que su nuevo matrimonio lo había motivado a realzar su apariencia. Entonces veíasele feliz, pese a que su trabajo era tan agotador como siempre.

Cuando el gobierno confiscó el central y le cambió el nombre, con el presunto apoyo de los trabajadores, Águila, lejos de alegrarse, lo vio como un aviso de desastre. Recuerdo que ese día llegó a casa de mi tío con cara de preocupación. Sospechaba que los nuevos administradores iban a arrebatarle a los obreros todas las prebendas que disfrutaban con los antiguos dueños y que les exigirían, además, compromisos políticos que él personalmente repudiaba.

—Ahora me he convertido en lo que nunca quise ser, un empleado público —nos dijo al tiempo que se hundía en una de las sillas de extensión que el tío tenía en el corredor que daba al patio, como si, por un momento, hubiera querido encogerse para pasar inadvertido.

—Soy un tipo que no se mete en nada. Me interesa mi casa, mi familia...

Era un hombre que aspiraba a la tranquilidad y se sentía atrapado.

—¿No has pensado en irte del país? —le preguntó mi tía.

—Sí, tengo parientes que se han ofrecido a reclamarme; pero me moriría de tristeza si tuviera que separarme de mi gente, aunque fuera por poco tiempo.

En mi opinión, no tenía que esperar a irse, ya andaba triste.

No mucho después vino a confiarle a mi tío una preocupación mayor: le habían pedido que se inscribiera en las milicias y no había podido negarse.

En ese momento ya existía un movimiento insurgente, y a mi tío —más por razones prácticas que por consideraciones morales o de principios— le pareció una descabellada temeridad.

Eso podría costarte la vida. Después te mandarán al monte y no podrás rehusar.

—No creo, no estoy tan joven ni tengo tan buena salud. Ya les expuse esos inconvenientes y me han dicho que no es más que para cuidar el centro de trabajo. Pero les confieso que he estado noches enteras sin dormir pensando que tendré que salir a la calle con ese uniforme.

—Vamos, Águila, tampoco es para tanto, medio mundo anda ahora vestido así. Dios y tus amigos sabemos como piensas. Nosotros no vamos a creer que, de pronto, te hayas metido a comunista.

Mi tía trataba de restarle importancia al asunto para no afligir más al amigo que, evidentemente, había venido a presentarles un hecho consumado. Él ya había tomado su decisión, pero necesitaba que mis tíos lo disculparan.

El mártir

—Además, —agregó ella, —eso de cierto modo nos protege a los ojos del vecindario, porque espero que seguirás visitándonos.

En ese momento lo vi abatir la cabeza, como si lo hubieran hecho víctima de una repentina humillación.

—No me digan eso. ¿Cómo se les ocurre que ese traje de mierda que tengo que ponerme va a cambiar en algo nuestra amistad? ¡Parece mentira que nos conozcamos desde hace tanto!

Yo vi como se le humedecían los ojos y sentí pena. Comprendí que aquel hombre, a pesar de su corpachón, de su voz grave y de los ademanes que infundían respeto, era un cobarde y que, al mismo tiempo, se avergonzaba de su cobardía. Mi tía, sin embargo, lo disculpó cuando ya él se había ido.

—Pobre Águila, lo que esta gente es capaz de imponerle a un buen hombre.

—¿Y no podría negarse?, tampoco es que lo hayan obligado a punta de pistola. Conozco a algunos que han rehusado y ni siquiera han perdido sus puestos —argüí.

—Depende del lugar —mi tío era quien salía ahora en defensa de su amigo. —Son más exigentes en la industria. El central está más expuesto a sabotajes.

Discutimos durante un buen rato. A pesar de definirse como opositores, mis tíos no eran partidarios de la confrontación abierta, y justificaban la simulación que ellos mismos, con alguna discreción, practicaban. Los asustaba que yo pudiera seguir la línea radical de mi madre. Por mi parte, me iritaba que trataran de soslayar una evidente falta de carácter, tan contraria a las virtudes que ellos formalmente me habían inculcado. El tío me contestó que la tolerancia también era una virtud que al parecer yo no tenía, y que a todo el mundo no le podíamos exigir que se portara como un héroe.

No recuerdo los términos exactos de esta discusión que se prolongó durante un buen rato; pero sí recuerdo que me quedé malhumorado y triste, con la conciencia de que el mundo era un sitio más feo de lo que suponía. Sin proponérmelo, Águila había descendido ese día en mi respeto y, en lo adelante, no podía recordarlo sin una mezcla de compasión y cólera, aunque en el trato con él, cuando por casualidad nos encontrábamos, primaba la cortesía y la cordialidad. En esas ocasiones, casi siempre en casa de mis tíos, solía quejarse de las obligaciones cada vez más gravosas que le imponían en su trabajo, así como de las movilizaciones y las sesiones de adiestramiento en que se había visto forzado a tomar parte, a pesar de sus problemas de salud. Temía, sobre todo, que los alzados fuesen a atacar el central y que él tuviera que enfrentarse con las armas a la gente que pensaba como él y cuya causa secretamente respaldaba.

Eso nunca ocurrió, pero una noche, cuando la guerra se acababa y los alzados más legendarios ya habían desaparecido, una partida de insurgentes detuvo el autobús en que Águila regresaba a Trinidad. Unos militares que viajaban con él dispararon contra los asaltantes, y éstos, a su vez, ametrallaron el vehículo. Águila intentó tirarse al piso, pero no era fácil para un hombre de su corpulencia y, antes de conseguirlo, recibió un balazo mortal en la cabeza. Vestía de miliciano en el momento de morir.

Recuerdo las sirenas de las ambulancias y la movilización de tropas de esa noche, así como nuestra embarazosa consternación por el amigo a quien la muerte sorprendía con el traje equivocado.

El mártir

Desde luego, el gobierno decretó duelo oficial y le hicieron honras fúnebres de caído en combate con la debida salva de fusiles y la presencia de todos los funcionarios públicos que él odiaba, uno de los cuales tuvo a su cargo el panegírico.

El héroe

El héroe

En mi temprana adolescencia algunos de mis ídolos eran los jefes de fuerzas insurrectas que el gobierno calificaba de bandidos. Osvaldo Ramírez, Cheíto León, Julio Emilio Carretero, cuyas fotos había visto camino de la escuela en carteles que ofrecían recompensas por su captura, eran algunos de los hombres a los que mis mayores, mis amigos y yo profesábamos mayor admiración.

Sin embargo, a diferencia de nuestros próceres del siglo XIX, nuestros héroes carecían de iniciativa política y de cultura. Tanto ellos como sus soldados eran, en su mayoría, campesinos sin preparación que se habían rebelado contra la dictadura que, en nombre de una ideología extraña, quería imponérsele al país.

La maquinaria propagandística del régimen se propuso privarlos de notoriedad y dignidad a un tiempo, tachándolos de delincuentes y, al mismo tiempo, ignorándolos en los medios de prensa que sólo parecían hacerse eco de los llamados «logros de la revolución». Esta estrategia no haría mella en nuestra simpatía, y los principales caudillos insurgentes se convirtieron en mitos para el bando de los opositores.

El más famoso era Osvaldo Ramírez, que tenía fama

de audaz y emprendedor, de atacar al enemigo por el sitio más inesperado y de escabullirse sin dejar rastro. Hostigado por efectivos infinitamente superiores, se había hecho experto en romper el cerco del Ejército y desconcertar a sus perseguidores que lo acosaban con perros y helicópteros. Así fue creciendo su leyenda, que atrajo a muchos jóvenes patriotas y aventureros de distintos rincones del país. Aunque, por supuesto, Ramírez no era el único.

En casa no había día en que no nos viniesen a contar algunas de las hazañas de esos héroes: aquí habían emboscado al enemigo, allá asaltaban un puesto militar o saqueaban una cooperativa, más de una noche habían llegado en sus incursiones hasta las afueras de la ciudad. Como es usual en estos casos, amigos y enemigos decían haber visto a los jefes rebeldes en dos o tres sitios a un tiempo. Durante muchos meses —mientras la insurgencia parecía cobrar fuerzas— yo esperaba despertar una madrugada en medio del fragor de una batalla que inclinara decisivamente la victoria para el lado rebelde. Y cuando, en ocasiones, oía disparos a lo lejos, me quedaba despierto con la esperanza de que se acrecentaran y se acercaran.

Eso no sucedió. Luego de un cierto auge, el foco guerrillero comenzó a declinar frente a la poderosa ofensiva del gobierno, y los más bravos jefes fueron quedando en el camino: muertos en combate, apresados y ejecutados, o desaparecidos. Virtualmente acéfala, cercada por el enemigo, abandonada por Estados Unidos y aislada de sus naturales grupos de apoyo, la subversión estaba condenada, asistíamos a sus estertores.

En ese momento, se comenzó a oír cada vez más el

El héroe

nombre de Pedro González, cuyos actos de intrepidez y valor raro era el día que no se comentaran. González había tenido éxito en combinar la tradicional guerra de guerrillas con tácticas tomadas de la insurgencia urbana. Como sobrevivir en la sierra resultaba ahora muy difícil, había venido a operar lejos de su base habitual, en el llano, confundiéndose con el paisaje y llevando a cabo ataques relámpagos con gran movilidad. En casa no tardó en llegar a ser el hombre del momento, pese a que, objetivamente, su supervivencia se contaba por días. Lo que más me entusiasmaba de González era su temeridad en acercarse a Trinidad en la comisión de acciones peligrosas que, de continuo, probaban la vigencia de los insurrectos: hoy tiroteaba el tren, mañana asaltaba una tienda del pueblo, a la semana quemaba un cañaveral... Los delatores del gobierno llegaron a sentir verdadero pánico luego de que llevó a cabo tres o cuatro ejecuciones sumarias de los que colaboraban con el enemigo. En el momento en que el régimen parecía consolidarse, González encarnaba a uno de los últimos soldados de la libertad; pero no habría de ser por mucho tiempo. Poco después de la muerte de Águila, él también caía en una escaramuza.

Aunque no recuerdo la fecha, sí me acuerdo que era domingo y que yo había ido al cine con una amiga, a la función de las 2:00 de la tarde, a ver uno de esos típicos filmes del Oeste que tanto me gustaban entonces. En un momento, casi al final de la proyección, a los ruidos de la película se sobrepuso por un instante el motor ensordecedor de un helicóptero que se disponía a aterrizar en algún terreno de las afueras.

Al salir del cine, nos dijeron que habían matado a Pedro González y que iban a exponer su cadáver en el Parque de Céspedes. Al tiempo que mi amiga y yo llegábamos al sitio, donde ya empezaba a congregarse gente, un *jeep* militar rodaba por encima del parque con el cadáver medio descolgado en la parte trasera. El *jeep* se detuvo frente al Palacio Municipal y unos hombres bajaron el cuerpo de González y lo lanzaron aparatosamente al suelo. Debía haber tenido varias horas de muerto, porque empezaba a ponerse azul. Era un hombre pequeño, y llevaba una barba abundosa e hirsuta en medio de la cual podían vérsele los dientes. La camisa entreabierta mostraba unas grandes manchas de sangre. Como uno de los muertos de la película que acababa de ver, el cadáver de González, tendido en medio del gentío, era, a la vez, ficción y realidad. Se confundía, para mí, con el actor que fingía la muerte en el polvoriento pueblo de un estudio de Hollywood, y era también la encarnación de nuestro débil optimismo de días antes que el régimen exhibía como un trofeo de su poder.

Los simpatizantes y servidores del gobierno que iban nutriendo el grupo de curiosos se aprestaban a las típicas demostraciones de degradación. Los cobardes —que, seguramente, habrían temblado de pánico ante la sola idea de enfrentarse a González en vida— eran los que ahora hacían mayor alarde de atrevimiento frente a sus despojos. Un periodista local le dio un puntapié y luego le lanzó un escupitajo a la cara, al tiempo de hacer un comentario soez:

—¡Conque tú eras el guapo!, ¿no?

Una señora se santiguó espantada por el sacrilegio.

—No le dé pena, compañera, que este tipo era un bandolero —le dijo a la mujer uno de los guardias.

—Ya no es más que un cadáver y Dios sólo es su juez —respondió la mujer que se había acercado a uno de los arriates del parque y ahora regresaba con una flor que colocó junto al cuerpo al que ya empezaba a notársele alguna hinchazón.

—Muerto y todo éste no es más que un criminal hijo de puta, y no me haga pensar que usted es su cómplice— le contestó con insolencia el guardia.

La mujer no respondió, pero se mantuvo cerca del cadáver otros cinco minutos, cabizbaja, como si rezara, mientras varios fotógrafos de la policía empezaban a disparar sus cámaras.

Yo me sentí, de pronto, profundamente entristecido. No por el muerto, que ya era ajeno a todos los ultrajes, sino por mí mismo, por la causa en la que yo y los míos habíamos puesto tantas esperanzas y de la cual aquel cadáver era el último signo; y también, de alguna manera, por todos los que estábamos allí, incluidos los que tomaban parte en aquella grotesca ceremonia. Pedro González sería el último representante de la resistencia campesina, y su muerte marcaría el fin de un empeño que muchos no entendieron entonces y que otros ciertamente no merecieron. Los fuegos fatuos que nos habían ilusionado por un tiempo se esfumaban en un mar de tiniebla.

La conciencia de ese ensombrecimiento me aplastaba mientras iba de regreso a casa ese domingo y luego cuando, minuciosamente. le contaba a mi madre lo ocurrido. En un par de ocasiones, ella me detuvo para que le repitiera algún detalle. Lo que más le admiraba era la simetría que se había establecido, sin yo quererlo, entre la muerte violenta que primero había visto en el cine y la escena que después presenciara en el parque; el paralelismo entre el fragor simulado de la batalla en la película y el ruido del helicóptero que se había impuesto en la realidad de afuera. Le asombraba igualmente el gesto de respeto de la mujer, que era un abierto desafío al poder, y el canallesco comportamiento del periodista, que era tenido por persona decente. Ella no podía dejar de mirarlo como una escena de la tragedia humana en la cual lo fabuloso y lo verdadero tendían a confundirse y a engendrar, de esa promiscuidad, otras acciones no menos sorprendentes.

—La Providencia quiso que fueras testigo de esa escena —me dijo —tal vez el único, porque no dudes que, dentro de un tiempo, pocos se acordarán, y tal vez nadie vio su valor como símbolo.

El muerto

EL MUERTO

Aunque he olvidado su nombre —¿Julián, Francisco, Anselmo?— conservo en la memoria el rostro risueño y coloradote de un campesino que iba mucho por casa hacia fines de los años sesenta, a quien mi madre llamaba «Guajiro», y yo —a sus espaldas, por supuesto— «el muerto».

El apodo con que lo bauticé hubiera parecido, a simple vista, contradictorio, pues pocas personas he conocido con tanta vitalidad. Aunque algo grueso, aquel hombre, que tendría poco más de 40 años, desplegaba una agilidad y una energía que sólo pueden originarse en la buena salud. A ésta unía una afabilidad y un entusiasmo que enmascaraban muy bien el horror del que había sido víctima pocos años antes.

El guajiro había estado entre los primeros campesinos que se alzaron en armas en el Escambray. Había pertenecido a la guerrilla de Osvaldo Ramírez, con quien había tomado parte en algunas acciones notables. Una de las veces que Ramírez burló el cerco del Ejército, el guajiro, que estaba entre los hombres que le cubrieron la retaguardia, fue herido y capturado. Los soldados lo trasladaron al hospital de Manicaragua donde no tardaron en empezar a intimidarlo.

—Tienes que reponerte, para que puedas ir por tus propios pies al paredón —nos contaba que le decía a diario uno de los enfermeros militares que lo atendían, —no nos puedes hacer la mierda de morirte en la cama.

Él pensó suicidarse para no esperar por el grotesco fin que le anunciaban y, en una ocasión, hasta llegó a arrancarse los vendajes y el suero intravenoso, después de lo cual lo ataron y lo mantuvieron custodiado todo el resto del tiempo. Aunque tenía una herida grave en una pierna —de la que quedaría cojeando un poco— su cuerpo respondió positivamente y, semanas después, reaprendía a caminar en los pasillos del hospital. Cuando estaban por darle de alta, lo trasladaron para Condado, donde empezaron sus interrogatorios.

—Yo trataba de hacerle ver al investigador que de mí tenía muy poco que sacar —nos dijo, más de una vez, cuando, presionado por mi curiosidad, contaba nuevamente su historia. —Que yo no era más que un guajiro que no aceptaba que le vinieran a ordenar la vida, que por eso me alcé; pero que no había conspirado con nadie, ni pertenecía a ningún movimiento clandestino.

Sin embargo, él no lograba convencerlos de su poca importancia y, durante dos semanas, cuatro investigadores se turnaban en un interrogatorio interminable para que no pudiera descansar ni un momento. Sólo podía dormir cuando iba al inodoro y aprovechaba la oportunidad para recostarse un ratito de la pared hasta el momento en que el guardia, impaciente, lo despertaba a sacudidas. Al cabo de unos días estaba inmerso en un permanente estado de fatiga en el que la muerte podría ser un alivio, muerte con que los investigadores no dejaban de amenazarlo.

—¡Conque te atreviste a levantarle la mano a la Revolución! ¿eh?, pues, para que lo vayas sabiendo, eso lo vas a pagar con tu vida.

Él sabía que las amenazas de matarlo no eran vanas y que muchos de sus compañeros de lucha habían sido ejecutados sin que mediara ni siquiera una parodia de juicio, de suerte que la noche en que le avisaron que lo fusilarían no se sorprendió demasiado. Como a las siete, uno de los oficiales había venido a su celda y le había dicho:

—Te fusilamos esta noche, pide lo que quieras de comer.

Las dos o tres veces que le oí contar la historia, yo no podía dejar de preguntarle cuál había sido su impresión, qué experimenta uno en esas circunstancias.

—Francamente sentí miedo, pero el cansancio era más fuerte. Le dije al guardia que se olvidara de la comida y que me dejaran dormir por un rato. Él no podía entenderlo.

—No sé por qué te apuras. Dentro de poco vas a dormir bastante.

Pese a todo, dormía cuando fueron a buscarlo. Traían esposado a otro reo, a quien no conocía. A él también le pusieron las esposas y a ambos los subieron a un *jeep* que partió seguido por una camioneta con soldados: los integrantes del pelotón ejecutor.

Al cabo de dos o tres kilómetros, se detuvieron en medio del campo y no lejos de la tapia del pequeño cementerio del pueblo. Había otro camión estacionado en el lugar. Cuando bajaron a los dos prisioneros, los faros de todos los vehículos se encendieron.

—Parecía que era el día. Habían hecho una zanja bastante honda de la que todavía unos guardias estaban sacando tierra, y les quedaba por arriba de la cintura. Cuando los guardias salieron, nos llevaron a mí y al otro preso hasta el borde de la zanja. A él lo pusieron a mi derecha. Me daba la impresión de que las luces lo alumbraban más a él que a mí. Entonces lo miré de reojo. Era un guajiro como yo y no parecía tener miedo, aunque no sé si le pasaría lo mismo que a mí; porque tal vez yo parecía sereno, pero por dentro estaba en temblores.

Yo podía revivir esa noche de horror en la minuciosidad de su relato. Un momento después vino un sargento que, con cuerda y esparadrapo, le ató el brazo derecho al izquierdo de su compañero. A él, el pánico no lo dejaba articular palabra.

—Hubiera querido decirle a aquella gente que eran una banda de asesinos y que nuestra causa no se iba a acabar porque nos mataran; pero no podía hablar, me temblaba la boca, sentí vergüenza de hacer un papelazo. El otro sí era un bravo. Cuando oyó la voz de «preparen», gritó a todo pulmón: «abajo el comunismo, muera Castro».

Un segundo después, él sintió la descarga y, sin saber cómo, se vio de repente dentro de la fosa, atontado, con una extraña humedad que empezaba a mojarle la camisa, aunque no sentía dolor alguno.

El jefe del pelotón se acercó a la zanja con una linterna, iluminó al otro y le hizo un disparo en la sien que le salpicó a él la cara de sesos. Luego fue moviendo lentamente la linterna hasta ponérsela frente a los ojos. Él no distinguía el rostro del oficial, pero sí el cañón de la pistola que casi le rozaba la cabeza. Le había llegado su última hora. Lo consoló, por un instante, pensar que sería muy rápido, que ni siquiera sentiría el ruido de aquel tiro de gracia. Fue entonces que oyó al oficial decirle con sorna:

—Maricón, si a ti no te vamos a matar.

Y él, que esperaba la muerte, perdió en ese momento el sentido y despertó en la enfermería del campamento. Al otro día vinieron a buscarlo y lo echaron desnudo en una de las famosas celdas frías, donde los dientes se le habían vidriado de castañearle tanto. A partir de entonces los interrogatorios siempre fueron sin ropa.

—Tú no sabes el valor de la ropa hasta que te ves, completamente en cueros, frente a unos tipos de completo uniforme que te interrogan y te interrogan...

Los investigadores no querían que alentara esperanzas.

—Lo de la otra noche no fue más que un ensayo, para que sepas bien lo que te va a pasar si no cooperas con nosotros. La Revolución te ha dado una prueba de su generosidad.

Pero él no tenía nada que contar, más de lo que ya les había dicho.

—Teniente, yo quisiera ayudarles; pero no sé nada. Soy un pobre diablo, apenas sé leer. Yo era un alzao, como usté sabe, pero no pertenezco a ningún grupo, ni conozco los planes de nadie. Esa es la pura verdad.

—Tú eres un descarao que piensas que puedes jugar con nosotros. No te das cuenta que gente mucho más inteligente y poderosa que tú no ha podido engañarnos. Si no te moriste la otra noche, ahora puedes tener una muerte peor.

La tercera vez que lo interrogaron, el teniente perdió la paciencia.

—Verás lo que te va a pasar ahora. De ésta sí no te escapas. Y le dio orden al guardia que se lo llevara.

Pero no regresaron a la celda fría. Lo sacaron desnudo al polígono que era un hervidero de soldados, que entraban y salían en camiones, montaban piezas de artillería o hacían otras docenas de labores menudas. El intentaba cubrirse un poco, pero las esposas que le sujetaban las manos a la espalda no se lo permitían. Así atravesaron todo el campamento, en uno de cuyos extremos había unas tablas en el suelo que cubrían lo que al parecer era la entrada de un sótano; pero la escalerilla de mano por la que lo hicieron bajar no conducía más que a unos nichos cavados en la pared de aquella suerte de sepulcro rudimentario. Los nichos tenían también unas puertas de madera que se superponían, de manera que permitían el paso del aire, pero no de la luz. Los guardias le quitaron las esposas y, a culatazos y empellones, lo obligaron a tenderse en uno de aquellos nichos —donde apenas cabía un hombre— sobre una nata pútrida repleta de gusanos. Cuando los guardias cerraron las puertas del nicho y del boquete de arriba, el preso —totalmente inmóvil, sin poder escapar a la hediondez y el escozor de los gusanos, y con el techo de su encierro a sólo unos dedos de la nariz— era, sin duda, alguien a quien habían enterrado vivo. Allí adentro, sin agua y sin comida, fue perdiendo la conciencia del tiempo. Cuando llegaba a este punto de su relato yo siempre le preguntaba:

—¿Y no pensaste en algún momento que podía ser verdad, que tal vez se proponían dejarte encerrado para siempre?

—Al principio, no. Creía que sólo querían asustarme; pero luego me fui acobardando hasta convencerme de que de allí me sacarían en los huesos.

El muerto

No recordaba con exactitud cuantos días había estado en aquel inframundo donde, sólo muy rara vez, le llegaba un rumor de la vida que continuaba por encima de su cabeza. Ahora sabía, como muy pocos podrían saberlo, lo que era estar muerto, con humedad y con gusanos. Se había dado cuenta, empavorecido, de que él no era la primera víctima de aquel suplicio. La podredumbre sobre la que yacía era, sin duda, de otra persona que habían encerrado antes que él y que había comenzado a descomponerse allí mismo.

A las pocas horas, la sed y la incomodidad del cuerpo empezaron a atormentarlo; aunque nada lo atemorizaba tanto como la oscuridad, que acrecentaba por momentos la opresión del encierro. A ratos intentaba dormir, pero se lo impedía el constante escozor de los gusanos o las pesadillas que lo atormentaban en el sueño. Se acordaba entonces de aquel día de diciembre, poco antes del triunfo de la revolución, en que el Ché Guevara había llegado a su finca con una partida de rebeldes y él les había cocinado un arroz con pollo que el comandante había juzgado inmejorable. Todo este asunto de la revolución lo había inquietado como algo que venía a perturbar su tranquila vida de agricultor; aunque tal vez fuera verdad que era el único modo de corregir ciertos abusos. El guerrillero argentino le había preguntado cuánto terreno tenía.

—No mucho, unas tres caballerías, pero dan bastante.

—¿No has pensado que te vendría mejor asociarte con otros campesinos en una cooperativa? Cuando triunfemos ésa podría ser una de las soluciones del campo cubano.

El muerto le había respondido, sin demasiado entusiasmo, que tal vez fuera así, y Guevara se había extendido en una charla sobre los valores del colectivismo agrícola y de lo que haría la revolución en el poder para promoverlo. Aunque no le dijo que el Estado esperaba adueñarse de su tierra, él se sintió alarmado, y le había respondido al jefe rebelde:

—Mire, Comandante, yo me siento feliz con la vida que llevo. Y si alguien quiere quitarme mi tierrita tendría que matarme.

El Ché entonces le había dicho, —ten cuidado, guajiro, que ese es el camino de la contrarrevolución.

Fue la primera vez que oyó esa palabra —*contrarrevolución*— y hasta se sorprendió de que existiera una cosa más nueva y radical que aquel movimiento que parecía tan seguro de triunfar y reordenar la vida de la gente; pero se alegró de que existiera esa posición contraria y se sintió afín a ella.

—Creo que ese mismo día me hice contrarrevolucionario, mientras oía hablar al Ché Guevara de sus cooperativas. Pero me alcé antes de que me intervinieran mi finquita y no me arrepiento.

Calculaba que había estado unos cuatro o cinco días en aquel encierro. Cuando lo sacaron estaba cubierto de llagas y el pelo se le caía en grandes mechones. Al parecer había contraído alguna infección en la piel y en la enfermería le untaron una pomada rosácea de pies a cabeza luego de que los guardias lo ayudaran a bañarse con chorros de mangueras. Sus compañeros de celda le dijeron que la podredumbre que lo infectó era la sangre corrompida de otro preso que se había desesperado en ese encierro y se había degollado con las uñas.

El ciertamente era un resucitado, y se alegraba de serlo, pero había perdido la fuerza del cuerpo, y sufría de depresiones y alucinaciones. El médico ordenó que lo internaran en un hospital psiquiátrico donde tardó mucho en recuperarse mediante un arduo tratamiento que incluyó la aplicación de decenas de electrochoques.

Nunca llegaron a celebrarle juicio. Estando en la clínica le llevaron a firmar unos papeles en que «reconocía su error» y, pocos meses después, lo liberaron con el consabido discurso de que la revolución le daba una segunda oportunidad. Y él volvió al Escambray, donde ya no había guerra, a trabajar en la finca de unos parientes. Pero ni aun entonces aceptó integrarse a una cooperativa, y una o dos veces por semana venía a Trinidad a vender carne y hortalizas en el mercado negro. Fue en esa época en que lo conocimos y, tan pronto se sintió en confianza, nos contó esta historia que yo le induje a repetir más de una vez.

A principio de los años setenta, el Ejército hizo una vastísima redada en la zona del Escambray y deportó a unas tres mil familias campesinas para el extremo occidental del país donde ya existían comunidades enteras de personas desafectas al régimen. El muerto cayó entre ellas, debido sin duda a sus antecedentes, pero acaso también a la actitud de independencia que había insistido en mantener. Al fin habían logrado colectivizarlo, obligándolo a trabajar como un peón lejos de su paisaje, en uno de los sitios más áridos y apartados de Cuba, donde no tardaría en morirse a causa de un ridículo accidente.

Para entonces yo no vivía en Trinidad, y había venido a casa a pasar las vacaciones con mi madre. Desayunábamos juntos, y algo —algún plato, alguna carencia— me hizo recordar a nuestro memorable proveedor.

—¿Qué es de la vida del muerto?

—Muerto. —El juego de palabras la hizo sonreír a pesar de que no podía ocultar un tono de tristeza. —Al parecer se cayó de un tractor. Un simple traspié y un golpe en la cabeza. La familia no llegó a verlo. Tuvieron que enterrarlo antes.

La noticia me ensombreció, y no pude dejar de pensar que esa experiencia, la de morirse y ser enterrado, no era del todo inédita para aquel guajiro rubicundo y jovial. Mi madre pareció adivinar la razón de mi súbito ensimismamiento.

—Hay experiencias a las que no se sobrevive. El guajiro nunca pudo evadirse de la noche en que lo fusilaron. El contaba la historia una y otra vez para tratar de librarse de ella, pero no creo que lo consiguiera. Estoy segura que nunca logró salir del horror de la zanja y de la linterna. Esperemos que ahora esté descansando sin ningún miedo.

Índice

Pág.

El pionero..3

El asalto..13

El profeta..23

El americanito.......................................31

El enviado..43

El verdugo..53

El mártir...63

El héroe..73

El muerto...81

OTROS LIBROS PUBLICADOS POR EDICIONES UNIVERSAL:

COLECCIÓN CANIQUÍ (NARRATIVA: novelas y cuentos)

005-4	AYER SIN MAÑANA	
	Pablo López Capestany	
016-X	YA NO HABRÁ MAS DOMINGOS	
	Humberto J. Peña	
017-8	LA SOLEDAD ES UNA AMIGA QUE VENDRÁ	
	Celedonio González	
018-6	LOS PRIMOS	
	Celedonio González	
019-4	LA SACUDIDA VIOLENTA	
	Cipriano F. Eduardo González	
020-8	LOS UNOS, LOS OTROS Y EL SEIBO	
	Beltrán de Quirós	
021-6	DE GUACAMAYA A LA SIERRA	
	Rafael Rasco	
022-4	LAS PIRAÑAS Y OTROS CUENTOS CUBANOS	
	Asela Gutiérrez Kann	
023-2	UN OBRERO DE VANGUARDIA	
	Francisco Chao Hermida	
024-0	PORQUE ALLÍ NO HABRÁ NOCHES	
	Alberto Baeza Flores	
025-9	LOS DESPOSEÍDOS	
	Ramiro Gómez Kemp	
027-5	LOS CRUZADOS DE LA AURORA	
	José Sánchez-Boudy	
030-5	LOS AÑOS VERDES	
	Ramiro Gómez Kemp	
032-1	SENDEROS	
	María Elena Saavedra	
033-X	CUENTOS SIN RUMBOS	
	Roberto G. Fernández	
034-8	CHIRRINERO	
	Raoul García Iglesias	
035-6	¿HA MUERTO LA HUMANIDAD?	
	Manuel Linares	
036-4	ANECDOTARIO DEL COMANDANTE	
	Arturo A. Fox	
037-2	SELIMA Y OTROS CUENTOS	
	Manuel Rodríguez Mancebo	

038-0	ENTRE EL TODO Y LA NADA	
	René G. Landa	
039-9	QUIQUIRIBÚ MANDINGA	
	Raúl Acosta Rubio	
040-2	CUENTOS DE AQUÍ Y ALLÁ	
	Manuel Cachán	
041-0	UNA LUZ EN EL CAMINO	
	Ana Velilla	
042-9	EL PICÚO, EL FISTO, EL BARRIO Y OTRAS ESTAMPAS CUBANAS, José Sánchez-Boudy	
043-7	LOS SARRACENOS DEL OCASO	
	José Sánchez-Boudy	
0434-7	LOS CUATRO EMBAJADORES	
	Celedonio González	
0639-X	PANCHO CANOA Y OTROS RELATOS	
	Enrique J. Ventura	
0644-7	CUENTOS DE NUEVA YORK	
	Angel Castro	
129-8	CUENTOS A LUNA LLENA	
	José Sánchez-Boudy	
1349-4	LA DECISIÓN FATAL	
	Isabel Carrasco Tomasetti	
135-2	LILAYANDO	
	José Sánchez-Boudy	
1365-6	LOS POBRECITOS POBRES	
	Alvaro de Villa	
137-9	CUENTOS YANQUIS	
	Angel Castro	
158-1	SENTADO SOBRE UNA MALETA	
	Olga Rosado	
163-8	TRES VECES AMOR	
	Olga Rosado	
167-0	REMINISCENCIAS CUBANAS	
	René A. Jiménez	
168-9	LILAYANDO PAL TU (MOJITO Y PICARDÍA CUBANA), José Sánchez Boudy	
170-0	EL ESPESOR DEL PELLEJO DE UN GATO YA CADÁVER, Celedonio González	
171-9	NI VERDAD NI MENTIRA Y OTROS CUENTOS	
	Uva A. Clavijo	
177-8	CHARADA (cuentos sencillos),	
	Manuel Dorta-Duque	
184-0	LOS INTRUSOS	
	Miriam Adelstein	
1948-4	EL VIAJE MÁS LARGO	
	Humberto J. Peña	

196-4	LA TRISTE HISTORIA DE MI VIDA OSCURA	
	Armando Couto	
215-4	AVENTURAS DE AMOR DEL DOCTOR FONDA	
	Nicolás Puente-Duany	
217-0	DONDE TERMINA LA NOCHE	
	Olga Rosado	
218-9	ÑIQUÍN EL CESANTE	
	José Sánchez-Boudy	
219-7	MÁS CUENTOS PICANTES	
	Rosendo Rosell	
227-8	SEGAR A LOS MUERTOS	
	Matías Montes Huidobro	
230-8	FRUTOS DE MI TRASPLANTE	
	Alberto Andino	
244-8	EL ALIENTO DE LA VIDA	
	John C. Wilcox	
249-9	LAS CONVERSACIONES Y LOS DÍAS	
	Concha Alzola	
251-0	CAÑA ROJA	
	Eutimio Alonso	
252-9	SIN REPROCHE Y OTROS CUENTOS	
	Joaquín de León	
2533-6	ORBUS TERRARUM	
	José Sánchez-Boudy	
255-3	LA VIEJA FURIA DE LOS FUSILES	
	Andrés Candelario	
259-6	EL DOMINÓ AZUL	
	Manuel Rodríguez Mancebo	
263-4	GUAIMÍ	
	Genaro Marín	
270-7	A NOVENTA MILLAS	
	Auristela Soler	
282-0	TODOS HERIDOS POR EL NORTE Y POR EL SUR	
	Alberto Muller	
286-3	POTAJE Y OTRO MAZOTE DE ESTAMPAS CUBANAS	
	José Sánchez-Boudy	
287-1	CHOMBO	
	Cubena (Carlos Guillermo Wilson)	
292-8	APENAS UN BOLERO	
	Omar Torres	
297-9	FIESTA DE ABRIL	
	Berta Savariego	
300-2	POR LA ACERA DE LA SOMBRA	
	Pancho Vives	
301-0	CUANDO EL VERDE OLIVO SE TORNA ROJO	
	Ricardo R. Sardiña	

303-7	LA VIDA ES UN SPECIAL	
	Roberto G. Fernández	
321-5	CUENTOS BLANCOS Y NEGROS	
	José Sánchez-Boudy	
327-4	TIERRA DE EXTRANOS	
	José Antonio Albertini	
331-2	CUENTOS DE LA NIÑEZ	
	José Sánchez-Boudy	
332-0	LOS VIAJES DE ORLANDO CACHUMBAMBÉ	
	Elías Miguel Muñoz	
335-5	ESPINAS AL VIENTO	
	Humberto J. Peña	
342-8	LA OTRA CARA DE LA MONEDA	
	Beltrán de Quirós	
343-6	CICERONA	
	Diosdado Consuegra Ortal	
345-2	ROMBO Y OTROS MOMENTOS	
	Sarah Baquedano	
3460-2	LA MÁS FERMOSA	
	Concepción Teresa Alzola	
349-5	EL CÍRCULO DE LA MUERTE	
	Waldo de Castroverde	
350-9	UN GOLONDRINO NO COMPONE PRIMAVERA	
	Eloy González-Arguelles	
352-5	UPS AND DOWNS OF AN UNACCOMPANIED MINOR REFUGEE,	
	Marie Francoise Portuondo	
363-0	MEMORIAS DE UN PUEBLECITO CUBANO	
	Esteban J. Palacios Hoyos	
370-3	PERO EL DIABLO METIÓ EL RABO	
	Alberto Andino	
378-9	ADIÓS A LA PAZ	
	Daniel Habana	
381-9	EL RUMBO	
	Joaquín Delgado-Sánchez	
386-X	ESTAMPILLAS DE COLORES	
	Jorge A. Pedraza	
4116-7	EL PRÍNCIPE ERMITAÑO	
	Mario Galeote Jr.	
420-3	YO VENGO DE LOS ARABOS	
	Esteban J. Palacios Hoyos	
423-8	AL SON DEL TIPLE Y EL GÜIRO...	
	Manuel Cachán	
435-1	QUE VEINTE AÑOS NO ES NADA	
	Celedonio González	
439-4	ENIGMAS (3 CUENTOS Y 1 RELATO)	
	Raul Tápanes Estrella	

440-8	VEINTE CUENTOS BREVES DE LA REVOLUCIÓN CUBANA Y UN JUICIO FINAL, Ricardo J. Aguilar
442-4	BALADA GREGORIANA Carlos A. Díaz
448-3	FULASTRES Y FULASTRONES Y OTRAS ESTAMPAS CUBANAS, José Sánchez-Boudy
460-2	SITIO DE MÁSCARAS Milton M. Martínez
464-5	EL DIARIO DE UN CUBANITO Ralph Rewes
465-3	FLORISARDO, EL SÉPTIMO ELEGIDO Armando Couto
472-6	PINCELADAS CRIOLLAS Jorge R. Plasencia
473-4	MUCHAS GRACIAS MARIELITOS Angel Pérez-Vidal
476-9	LOS BAÑOS DE CANELA Juan Arcocha
486-6	DONDE NACE LA CORRIENTE Alexander Aznares
487-4	LO QUE LE PASO AL ESPANTAPÁJAROS Diosdado Consuegra
493-9	LA MANDOLINA Y OTROS CUENTOS Bertha Savariego
494-7	PAPÁ, CUÉNTAME UN CUENTO Ramón Ferreira
495-5	NO PUEDO MAS Uva A. Clavijo
499-8	MI PECADO FUE QUERERTE José A. Ponjoán
501-3	TRECE CUENTOS NERVIOSOS —NARRACIONES BURLESCAS Y DIABÓLICAS—, Luis Ángel Casas
503-X	PICA CALLO Emilio Santana
509-9	LOS FIELES AMANTES Susy Soriano
519-6	LA LOMA DEL ANGEL, Reinaldo Arenas
5144-2	EL CORREDOR KRESTO José Sánchez-Boudy
521-8	A REY MUERTO REY PUESTO Y UNOS RELATOS MAS, José López Heredia
533-1	DESCARGAS DE UN MATANCERO DE PUEBLO CHIQUITO, Esteban J. Palacios Hoyos
539-0	CUENTOS Y CRÓNICAS CUBANAS José A. Alvarez

542-0	EL EMPERADOR FRENTE AL ESPEJO
	Diosdado Consuegra
543-9	TRAICIÓN A LA SANGRE
	Raul Tápanes-Estrella
544-7	VIAJE A LA HABANA
	Reinaldo Arenas
545-5	MAS ALLÁ LA ISLA
	Ramón Ferreira
546-3	DILE A CATALINA QUE TE COMPRE UN GUAYO
	José Sánchez-Boudy
554-4	HONDO CORRE EL CAUTO
	Manuel Márquez Sterling
555-2	DE MUJERES Y PERROS
	Félix Rizo Morgan
556-0	EL CÍRCULO DEL ALACRÁN
	Luis Zalamea
560-9	EL PORTERO
	Reinaldo Arenas
565-X	LA HABANA 1995
	Ileana González
568-4	EL ÚLTIMO DE LA BRIGADA
	Eugenio Cuevas
570-6	CUANDO ME MUERA QUE ME ARROJEN AL RIMAC EN UN CAJÓN BLANCO, Carlos A. Johnson
574-9	VIDA Y OBRA DE UNA MAESTRA
	Olga Lorenzo
575-7	PARTIENDO EL «JON»
	José Sánchez-Boudy
576-5	UNA CITA CON EL DIABLO
	Francisco Quintana
587-0	NI TIEMPO PARA PEDIR AUXILIO
	Fausto Canel
594-3	PAJARITO CASTAÑO
	Nicolás Pérez Díez Argüelles
595-1	EL COLOR DEL VERANO
	Reinaldo Arenas
596-X	EL ASALTO
	Reinaldo Arenas
611-7	LAS CHILENAS (novela o una pesadilla cubana)
	Manuel Matías
615-1	LA CAUSA
	Eulalia Donoso
616-8	ENTRELAZOS
	Julia Miranda y María López
619-2	EL LAGO
	Nicolás Abreu Felippe

629-X	LAS PEQUEÑAS MUERTES	
	Anita Arroyo	
630-3	CUENTOS DEL CARIBE	
	Anita Arroyo	
631-1	EL ROMANCE DE LOS MAYORES	
	Marina P. Easley	
632-X	CUENTOS PARA LA MEDIANOCHE	
	Luis Angel Casas	
633-8	LAS SOMBRAS EN LA PLAYA	
	Carlos Victoria	
638-9	UN DÍA... TAL VEZ UN VIERNES	
	Carlos Deupi	
643-5	EL SOL TIENE MANCHAS	
	René Reyna	
653-2	CUENTOS CUBANOS	
	Frank Rivera	
657-5	CRÓNICAS DEL MARIEL	
	Fernando Villaverde	
667-2	AÑOS DE OFÚN	
	Mercedes Muriedas	
660-5	LA ESCAPADA	
	Raul Tápanes Estrella	
670-2	LA BREVEDAD DE LA INOCENCIA	
	Pancho Vives	
672-9	GRACIELA	
	Ignacio Hugo Pérez-Cruz	
693-1	TRANSICIONES, MIGRACIONES	
	Julio Matas	
694-X	OPERACIÓN JUDAS	
	Carlos Bringuier	
697-4	EL TAMARINDO / THE TAMARIND TREE	
	María Vega de Febles	
698-2	EN TIERRA EXTRAÑA	
	Martha Yenes — Ondina Pino	
699-0	EL AÑO DEL RAS DE MAR	
	Manuel C. Díaz	
700-8	¡GUANTE SIN GRASA, NO COGE BOLA!	
	(REFRANES CUBANOS), José Sánchez-Boudy	
705-9	ESTE VIENTO DE CUARESMA,	
	Roberto Valero Real	
707-5	EL JUEGO DE LA VIOLA,	
	Guillermo Rosales	
709-1	GRIETAS EN EL CRISOL,	
	Gustavo Darquea	
711-3	RETAHÍLA,	
	Alberto Martínez-Herrera	

720-2	PENSAR ES UN PECADO, Exora Renteros
728-8	CUENTOS BREVES Y BREVÍSIMOS, René Ariza
729-6	LA TRAVESÍA SECRETA, Carlos Victoria
741-5	SIEMPRE LA LLUVIA, José Abreu Felippe
748-2	ELENA VARELA, Martha M. Bueno
755-5	ANÉCDOTAS CASI VERÍDICAS DE CÁRDENAS, Frank Villafaña
759-8	LA PELÍCULA, Polo Moro
769-5	CUENTOS DE TIERRA, AGUA, AIRE Y MAR, Humberto Delgado-Jenkins
772-5	CELESTINO ANTES DEL ALBA, Reinaldo Arenas
779-2	UN PARAÍSO BAJO LAS ESTRELLAS, Manuel C. Díaz
780-6	LA ESTRELLA QUE CAYÓ UNA NOCHE EN EL MAR, Luis Ricardo Alonso
781-4	LINA, Martha Bueno
782-2	MONÓLOGO CON YOLANDA, Alberto Muller
784-9	LA CÚPULA, Manuel Márquez Sterling
785-7	CUENTA EL CARACOL (relatos y patakíes) Elena Iglesias
789-X	MI CRUZ LLENA DE ROSAS (cartas a Sandra, mi hija enferma), Xiomara Pagés
791-1	ADIÓS A MAMÁ (De La Habana a Nueva York), Reinaldo Arenas
793-8	UN VERANO INCESANTE, Luis de la Paz
799-7	CANTAR OTRAS HAZAÑAS, Ofelia Martín Hudson
800-4	MÁS ALLÁ DEL RECUERDO, Olga Rosado
807-1	LA CASA DEL MORALISTA, Humberto J. Peña
812-8	A DIEZ PASOS DE EL PARAÍSO (cuentos), Alberto Hernández Chiroldes
816-0	NIVEL INFERIOR, Raúl Tápanes Estrella

817-9	LA 'SEGURIDAD' SIEMPRE LLAMA DOS VECES Y LOS *ORISHAS* TAMBIÉN, Ricardo Menéndez
819-5	ANÉCDOTAS CUBANAS (LEYENDA Y FOLCLORE), Ana María Alvarado
824-1	EL MUNDO SIN CLARA (novela) Félix Rizo

665-6	NARRATIVA Y LIBERTAD: CUENTOS CUBANOS DE LA DIÁSPORA, Edición de Julio E. Hernández Miyares (Antología en 2 volúmenes que incluye cuento y nota bio-bliográfica de más de 200 escritores cubanos)

837-3	UN ROSTRO INOLVIDABLE, Olga Rosado
839-X	LA VIÑA DEL SEÑOR, Pablo López Capestany
852-7	LA RUTA DEL MAGO (novela), Carlos Victoria
853-9	EL RESBALOSO Y OTROS CUENTOS, Carlos Victoria
854-3	LOS PARAÍSOS ARTIFICIALES (novela), Benigno S. Nieto
855-1	CALLE OCHO, María Luisa Orihuela
858-5	ALGUNA COINCIDENCIA MATEMÁTICA 3-6-9-12-15-18, Sarah Chyzyk Wekselbaum
859-4	VIEJAS POSTALES DE MIAMI, Marina Easley
865-9	COSAS DE MUCHACHOS (ANÉCDOTAS INFANTILES), Rosa Dihigo Beguirstain y Mario E. Dighigo
879-9	HISTORIAS DE LA OTRA REVOLUCIÓN, Vicente Echerri